Liste
La fortune des Rougon
La Curée
Le ventre. — Lisa
La faute de l'abbé Mour
Le roman politique (journa
Le roman d'art. —
Le roman sur la rente viag
Le roman populaire. — G
Le roman sur la guerre d'I
Le roman sur le haut com
Le roman sur le demi mo

les romans
Lantier
Agathe Mouret.
Ledoux et ses enfants
Jean Macquart.
Octave Mouret
Anna Ledoux

1 La Fortune des Rougon (
2 Son Excellence Rougon (
3 La Curée (Aristide Rougon
4 L'Argent
5 Le Rêve (Sidonie
6 Conquête de Plassans (
7 Pot-Bouille (
8 Au Bonheur
9 La Faute de l'abbé
10 Une page d'amour
11 Le Ventre de Paris

Silvère
Dide, Pierre Rougon, Ursule Mouret
antoine Macquart
Rougon)
Charles (Clotilde) Sidonie
Victor
Marthe, et leur trois enfant
(id.)
(Serge, Désirée
Hélène et Jeanne)
Lisa, Pauline)

Rabourdin
Roubine
Buteau
Cauchois

Courtin
Gaudron
Ravoux
Ledoux
Robine
Louette

BUFFET
BIERE

Professeur émérite à la Sorbonne nouvelle, professeur à Columbia University (New York), Henri Mitterand a publié *Les Rougon-Macquart* dans La Pléiade, les *Œuvres complètes* de Zola au Cercle du Livre précieux. Il a reconstitué et publié les *Carnets d'enquêtes des Rougon-Macquart* (Plon). Il est l'auteur de *Zola journaliste* (A. Colin), *Zola et le Naturalisme* (Que Sais-Je ?), Zola, l'histoire et la fiction (P.U.F.). Il a consacré plusieurs ouvrages au roman des XIXe et XXe siècles : *Le Discours du roman, Le Regard et le Signe, L'Illusion réaliste* (P.U.F.). Il est président de la Société littéraire des amis d'Emile Zola, président de l'institut Pierre-Larousse. Il dirige aux éditions Nathan les collections Balises et Le Texte à l'œuvre. Il publie avec Alain Rey la collection des Usuels du Robert.

Pour Hélène

Dépôt légal : septembre 1995
Numéro d'édition : 68677
ISBN : 2-07-053288-7
Imprimerie Kapp Lahure Jombart, à Evreux

ZOLA
LA VÉRITÉ EN MARCHE

Henri Mitterand

DÉCOUVERTES GALLIMARD
LITTÉRATURE

A vingt ans, Zola a pour tout héritage l'image de son père et sa passion pour Hugo et Musset. L'ingénieur François Zola l'a laissé orphelin sans fortune ; la voix des poètes se perd dans les profondeurs de l'oubli. C'est pourtant de ce dialogue avec des ombres que va naître une vocation et, plus encore, un projet d'écriture.

CHAPITRE PREMIER
DÉRACINÉ

Vingt ans, vingt-deux ans sur ce portrait (à gauche)? Difficile à dire. Taille : un mètre soixante-douze ; yeux : marrons ; signes particuliers : néant. Le visage est fin, la chevelure bien fournie, la barbe bien taillée, l'attitude fière – surtout le regard. Avec un rien de mélancolie, ou d'inquiétude dans la moue. Ce garçon est déjà nourri de culture classique et romantique. Il est à la croisée de multiples influences. Mais il se sent libre de tout préjugé et de toute attache, prêt pour tous les enjeux.

Il n'est plus tout à fait provençal et pas vraiment parisien : ses rêves se partagent entre les sylphides des garrigues aixoises et les héros désabusés de Musset (à droite). Plus jeune, Zola a lu passionnément les romans de chevalerie et les récits d'aventures. Mais déjà la nouvelle pensée psychologique et morale l'intéresse : il a découvert *L'Amour* et *La Femme* de Michelet.

Zola va sur ses dix-huit ans lorsqu'il arrive à Paris, en février 1858. Il y est né, rue Saint-Joseph, non loin du quartier des Halles, le 2 avril 1840, mais, trois ans plus tard, ses parents l'ont emmené à Aix-en-Provence, d'où il n'est plus sorti qu'à de très rares et brèves reprises. C'est donc dans l'effarement, et peut-être aussi le frémissement, l'excitation, qu'il rejoint sa mère, rue Monsieur-le-Prince, tout en haut du Quartier latin. Effarement du déraciné, excitation du jeune provincial à qui, subitement, la chance est donnée de se tailler une place au soleil de la capitale, loin des quiétudes endormies de la cité provençale. Ce sera dur et il le sait, il le sent.

Zola ne reviendra jamais dans le quartier de sa maison natale, rue Saint-Joseph (ci-dessous). Avant 1866, il habitera sur la rive gauche, déménageant six fois entre 1858 et 1862. Il s'installera ensuite dans le quartier des Batignolles.

La mort du père

Il a déjà vécu un roman familial ; et un roman triste. Les dix années antérieures ont été, pour une part essentielle, des années de deuil, et de gêne. Après un beau départ, pourtant.

Son père, l'ingénieur vénitien François Zola, venait d'entamer la construction d'un barrage et d'un canal destiné à alimenter en eau Aix-en-Provence – ils existent encore, et ils portent son nom – lorsqu'il est mort, en mars 1847, sans doute d'une pneumonie contractée sur le chantier. Brillant, mais pauvre, au surplus étranger, et peut-être insouciant, il était sur le point de se tailler une renommée et une fortune enviables dans la nouvelle société industrielle. Mais il disparaissait trop tôt, à cinquante-deux ans, après avoir vécu surtout de projets, de relations et d'emprunts. Emile avait sept ans ; Emilie, sa mère, beaucoup plus jeune que François, en avait vingt-huit.

Francesco Zola, né à Venise le 7 août 1795, lieutenant puis ingénieur, quitta, en 1821, sa patrie, passée sous la domination autrichienne. Il construisit une ligne de chemin de fer en Autriche, puis gagna la France en 1830. Engagé comme officier dans la Légion étrangère, il participa à la conquête de l'Algérie, puis ouvrit un bureau d'ingénieur à Marseille. Lors d'un voyage à Paris, il s'éprit d'Emilie Aubert, fille d'un artisan-peintre de Dourdan, et l'épousa le 16 mars 1839. Elle avait vingt-quatre ans de moins que lui. A vingt-six ou vingt-sept ans, sur le portrait de

famille ci-contre, avec ses cheveux noirs en bandeaux, elle ressemble à George Sand jeune. Leur fils Emile, à six ans (ci-dessus), apparaît déjà intelligent, sérieux et volontaire.

Devaient suivre, pour la jeune veuve, avec ses parents beaucerons exilés à Aix et son enfant, des mois et des années de procès perdus contre les vautours qui se partageaient les dépouilles de la Société du canal Zola, et de déménagements dans des quartiers de plus en plus humbles de la périphérie aixoise. On se contraint pourtant à faire bonne figure, à préserver quelques apparences : Emile fréquente la pension Notre-Dame, puis, à partir de 1852, le collège Bourbon, en compagnie des enfants de la bourgeoisie libérale aixoise et des fils de propriétaires de la campagne environnante.

Fils de son père, et enfant de pauvres...

Fierté d'avoir eu un père illustre, qui a imposé sa poigne créatrice à la nature provençale, et rancune inconsciente contre celui qui a failli à son devoir de présence tout en laissant son souvenir s'interposer entre la mère et le fils. Gloire d'un nom que la chronique locale a célébré, et exclusion du cercle des «bonnes familles». Parisien émigré à Aix, Provençal à Paris... Ces fractures pèseront lourd sur sa vie, et sur son œuvre à venir.

A VEN
AUX ENCHÈRE
PAR SU
FOLLE-
A l'audience des criées du Tribu
TEMBRE MIL HUIT CENT CINQ
UNE heure
CANAL
Destiné à arroser la vil
MISE A PRIX :

Il serait inexact d'opposer l'adolescence aixoise et la jeunesse parisienne comme un temps du malheur et un temps de l'espérance, de l'exaltation. A Aix, Emile a connu le succès scolaire, les camaraderies de garçons – l'un d'eux est Paul Cézanne : rencontre exceptionnelle de deux futurs génies –, les escapades et les nuits blanches dans la campagne, les lectures passionnées de Musset et de Hugo, le romantisme des premières amourettes. Lorsqu'il lui a fallu prendre le train de Paris, pour y rejoindre sa mère empêtrée dans ses derniers procès, il se trouvait au beau milieu de son année de seconde. Etait-ce un arrachement ou un envol ? Les deux à la fois, probablement.

François Zola était lourdement endetté. Peu à peu spoliée de tout droit après le décès de son époux (ci-dessus, un détail de l'affiche annonçant l'adjudication judiciaire de la faillite Zola), sa veuve élèvera Emile, aidée par sa mère Henriette Aubert. Il leur faudra quitter la maison de l'impasse Silvacane et passer, de domicile en domicile, à la périphérie d'Aix. Les Zola ont peu de soutiens, peu d'amis. La solitude un peu sauvageonne d'Emile, dans une famille sans père, laissera des traces.

Le désarroi de la séparation, en tout cas, était tempéré par la promesse que lui avaient faite ses deux meilleurs camarades, Paul Cézanne et Jean-Baptistin Baille, de le retrouver bientôt dans la capitale. Et puis, l'été venu, c'était juré, le trio se reformerait à Aix, où Emile avait gardé une chambre en location, pour de folles journées de baignade, de chasse... et de drague !

Le lycéen de Paris

Les relations parisiennes de François Zola, fidèles à sa mémoire, ont permis à Emilie Zola d'inscrire son fils au lycée Saint-Louis. C'est un privilège : l'antichambre des grandes carrières, la voie directe vers l'Ecole polytechnique, l'Ecole centrale, la faculté de droit... Cependant, d'entrée de jeu, on le sent mal à l'aise, et les deux années qui vont suivre, 1858 et 1859, s'achèveront sur une impasse.

Les premières vraies camaraderies d'enfance ne surgiront qu'au collège Bourbon. Emile y entre à douze ans, avec une aide de la municipalité d'Aix. Les résultats sont, selon ses propres mots «sinon éclatants, du moins estimables», comme en témoigne le palmarès de 1853 (en bas, à gauche). Paul Cézanne, treize ans, fils de banquier, redouté pour son caractère et ses plaisanteries lestes, le prend sous sa

protection : étonnante fraternité précoce de deux futurs génies. L'élève Zola reste «Zola Emile, de Paris», pas vraiment du pays aux yeux des autochtones... Pourtant il n'oubliera jamais les folles parties aux bords de l'Arc, croquées par Cézanne dans leur correspondance de jeunesse (ci-dessus).

DRE
PUBLIQUES
E
HÈRE
vil d'Aix, du PREMIER SEP
-TROIS, jour de JEUDI, à
levée.
ZOLA
x et son territoire.
00 FRANCS.

SEPTIEME.
DEUXIÈME DIVISION.
M. SILVESTRE, *professeur*.
EXCELLENCE.
Prix.
er RIMBAUD Onésime, de Grimaud (Var), int.
e LAFAYE René, d'Aix, ext.
Accessit.
er ZOLA Emile, de Paris, 2 f. n.
e BEDARRIDE Lucien d'Aix, ext.
THÈME.
Prix.
er RIMBAUD Onésime, int., 2 f. n.
e ZOLA Emile, int., 3 f. n.
Accessit.
er BEDARRIDE Lucien, ext., 2 f. n.
2e LAFAYE René, ext., 2 f. n.
VERSION.
Prix.
er ZOLA Emile, int., 4 f. n.
2e RIMBAUD Onésime, int. 3 f. n.
Accessit.
1er BEDARRIDE Lucien, ext., 3 f. n.
2e LEMATICOT Paul, de Lorient, ext.

Le 63, rue Monsieur-le-Prince, où les Zola occupent un meublé à leur arrivée à Paris, est tout proche du lycée Saint-Louis (ci-contre). Mais en janvier 1859, les Zola s'éloignent jusqu'au 241 de la rue Saint-Jacques. Emile passe les vacances de l'été 1858 à Aix. Au retour, il tombe gravement malade : son année de «rhétorique» en sera compromise.

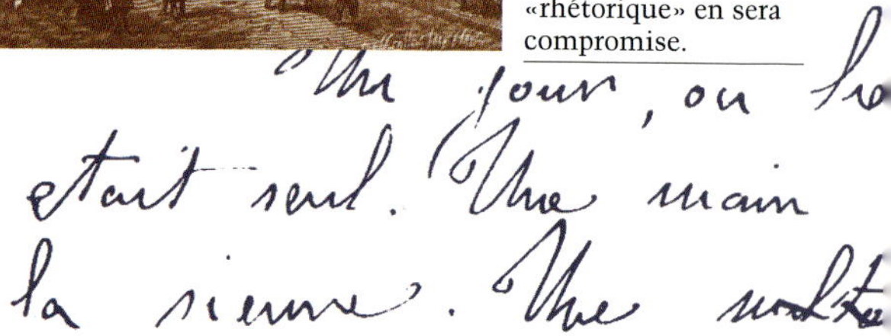

Son professeur de français, Pierre-Emile Levasseur (futur historien du monde ouvrier français), obtient de lui d'excellentes performances. Mais les sciences dures – mathématiques, physique, chimie – l'ennuient désormais. Il ne sympathise guère avec des condisciples plus riches, plus imbus de leurs origines bourgeoises, plus «Parisiens»… D'ores et déjà, ses amitiés sont ailleurs : en particulier dans le petit groupe des jeunes Aixois qui ont quitté l'école de dessin d'Aix – que fréquente encore Cézanne – pour «monter» à Paris, où ils vivent la vie du «rapin», fumeur de pipes et écluseur de pots. Il y gagne de connaître très tôt les ateliers de peintres, les académies, les expositions, les coulisses du métier. Il n'en insiste que plus vivement auprès de Cézanne, dans de longues lettres, pour que celui-ci franchisse le pas à son tour.

Le choix du risque

Les ateliers et la poésie : rudes concurrents pour la rhétorique et le discours latin. Voilà bien longtemps, à vrai dire, qu'Emile rêve d'écrire. Dès la sixième, il a composé un roman sur les croisades – perdu ; en troisième, il a écrit une farce satirique, sur la vie de collège bien entendu, *Enfoncé le pion*, perdue aussi. Perdus encore, les milliers de vers qui sortent de sa plume au cours de ses deux années de lycée et des deux années de bohème qui vont suivre. Pour autant qu'on en puisse juger sur les épaves qui ont échappé au désastre, ces vers n'étaient ni très originaux ni très bons. Zola est à l'école de Musset, et de ses personnages. Mais derrière l'exercice d'école on aperçoit un choix : le choix du refus, de l'isolement et

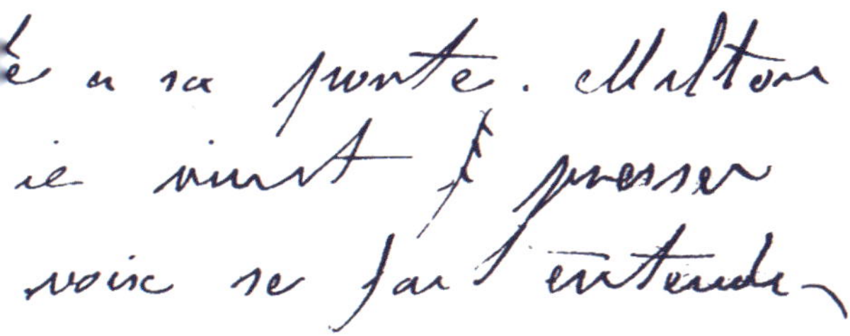

de l'indépendance. Romantisme attardé, certes, mais aussi plus que cela. La mort prématurée du père l'a jeté dans la vie à l'état d'orphelin, et presque à l'état d'exclu : point de fortune, point de considération, point d'appuis, point de «condition» à espérer. Soit. Mais alors, pourquoi ne pas se jeter à corps perdu dans la seule aventure qui le tente depuis qu'il sait lire : celle de l'écriture, de l'imaginaire, et de l'art ? Comme le Rastignac de Balzac, il s'écrierait volontiers : «A nous deux, Paris !» Paris où se font toutes les fortunes et toutes les gloires ; mais, pour lui, le Paris des poètes et des artistes, non celui des banquiers et des ministres !

C'est le choix du risque aussi. Les premiers résultats ne se feront pas attendre : à deux reprises, en 1859, à Paris, et quelques mois plus tard, à Marseille, Emile échouera au baccalauréat – pour une mauvaise note en français ! Il ne remettra plus les pieds au lycée. Ce sera une grande chance pour la littérature française.

"Depuis que je suis à Paris, je n'ai pas eu une minute de bonheur», écrit Zola à Cézanne, le 9 février 1860. Il s'est pourtant fait un ami au lycée Saint-Louis, Georges Pajot, et rencontre quelques Aixois de Paris. Il mène parfois, en leur compagnie, la joyeuse vie des rapins. Dans les disciplines scolaires, il ne s'illustre plus guère qu'en narration (ci-contre, un extrait de celle qu'il consacra à Milton), mais il a déjà publié quelques poèmes (*Le Canal Zola*, éloge emphatique de son père) et un conte (*La Fée amoureuse*). Ces œuvrettes ont paru dans *La Provence*, à Aix. Comment s'ouvrir les portes de la presse parisienne ? Les héros de ses poèmes se prénomment Rodolfo, Paolo : bric-à-brac romantique. Mais peu à peu il se tourne davantage vers le récit en prose : ce seront les futurs *Contes à Ninon*.

PEINTURE. — ÉTUDE DE LA FIGURE.
1re *Division*. — 1er prix. M. Huot Joseph, d'Aix.
2e prix. M. Lambert Henri, de Versailles.
2e *Division*. — 1er prix. M. Grange Eug., de Marseille.
2e prix. M. Cézane Paul, d'Aix.
Accessit. M. Chaillan Jean Baptiste, de Trets.

Paul Cézanne, resté à Aix, s'est inscrit à l'Ecole de droit, suivant la volonté de son père. Mais il ne songe qu'à la peinture, dont il étudie fort classiquement les rudiments (ci-dessus).

A vingt-huit ans, Zola bataille à l'avant-garde du jeune roman et de la jeune peinture. Flâneur de Paris, fou de lecture, compagnon des peintres, corsaire juvénile du journalisme et des lettres, chroniqueur sarcastique du régime, il écrit plus vite que son ombre, aiguise sa plume dans tous les genres et sur tous les tons et signe un chef-d'œuvre : *Thérèse Raquin*.

CHAPITRE II
LE RÉFRACTAIRE

En 1860, Zola a abandonné ses études. Ni fortune ni relations. Six ans plus tard, il aura publié trois livres, découvert et lancé Manet; son nom courra dans toutes les salles de rédaction. Il a commencé comme un personnage de Murger, et il est en passe de continuer comme Bel-Ami – moins les protections féminines et le goût de l'intrigue... Il a surtout appris deux métiers : l'édition et le journalisme. Et brillé dans un troisième : l'invention romanesque.

La bohème

Après le lycée, viennent deux années de bohème : 1860, 1861. Mansardes occupées pour quelques mois sur les pentes de la colline Sainte-Geneviève, rue Saint-Victor, rue Neuve-Saint-Etienne-du-Mont, rue Soufflot; camarades rapins, étudiants ou poétaillons; un maigre et éphémère emploi à l'administration des Docks, au printemps de 1860, quelques «petits boulots» dans l'hiver 1861-1862; et surtout, la pauvreté, la marginalité, l'amertume, l'expérience des promiscuités misérables – donc des types populaires de Paris, cousettes, croque-morts, prostituées, employés du mont-de-piété, marchandes des Halles, canotiers du dimanche.

Le modèle est banal. Il y a tout de même beaucoup de zones d'ombre sur ces deux ans, que n'éclairent pas les lettres longues et expansives que Zola expédie à ses deux grands amis aixois. Rien, ou presque rien, sur sa mère, ses moyens de survie, ses amours. Ce que traduisent surtout les lettres, c'est le refus absolu de s'asservir aux disciplines institutionnelles ou professionnelles, la fantaisie, une insatiable curiosité pour la littérature et les arts, et le travail incessant de l'écriture. C'est ce qui l'a sauvé de disparaître à tout jamais dans l'anonymat de la misère. Une extraordinaire énergie intérieure aura raison des désarrois, voire des drames.

Pendant ses mois d'oisiveté forcée, le jeune Zola cède à deux attirances : les rues populeuses du quartier des Halles et la proche banlieue sud, encore rurale et forestière.

Nourrir l'œuvre à venir

En 1860, l'espoir d'un retour à Aix s'éloigne. Zola compense en explorant Paris et ses alentours, du Quartier latin à la fontaine des Innocents, et de la porte d'Enfer jusqu'aux bois de Verrières. Il lit, un auteur après l'autre; il regarde, à l'atelier Suisse, dans les galeries, au Salon, les œuvres de la nouvelle peinture. Son idéalisme et sa générosité naturels lui font aimer Jean Goujon, Greuze, George Sand, Michelet. Mais les déséquilibres, les frustrations de son existence le tournent aussi vers les écrivains qui mettent à nu les travers humains et les duretés sociales : Montaigne, Molière, bientôt Shakespeare; et ses amis peintres l'entraînent dans des ateliers qu'éclairent les premiers essais des «paysagistes». Sans rien dire, partout il engrange des motifs et des styles pour les œuvres à venir.

1861 : l'expérience du sexe, en fin de compte malheureuse, et qui peut-être influencera pour longtemps sa

De la porte d'Orléans par l'avenue d'Enfer (ci-dessus) jusqu'aux Nymphes de la fontaine des Innocents (ci-dessous) : c'est un des parcours favoris de Zola au printemps 1860. Dans l'autre sens, il

marche pendant des heures en direction du sud ou du sud-est : Fontenay-aux-Roses, les bois de Verrières, Vitry, Vincennes… Comme une manière de dissiper sa nostalgie de la Provence.

vision de la femme. On n'en sait pas grand-chose : seul un de ses camarades du lycée Saint-Louis, Georges Pajot, en livre par allusions un des épisodes. Elle s'appelait Berthe : une ombre féminine, probablement la première maîtresse d'Emile Zola. Mais Berthe n'avait rien à voir avec la distinction des maîtresses de Balzac ou de Stendhal : ce n'était qu'une fille des rues, sans nom, aussitôt évanouie après avoir désespéré Emile, qui aurait voulu la tirer de sa débauche. Un personnage des «goualantes» fin de siècle. Nini-Peau de chien...

Attaché de presse

A quoi tient une carrière littéraire? Zola ne serait peut-être jamais devenu l'auteur des *Rougon-Macquart* si la même protection qui l'avait fait entrer au lycée Saint-Louis ne l'avait pas introduit auprès de l'éditeur Louis Hachette. C'est la chance de sa carrière. Le 1er mars 1862, Zola est engagé dans la grande maison d'édition du boulevard Saint-Germain, en qualité d'employé au bureau de la publicité. Il commence par ficeler des paquets de livres, puis il devient rapidement responsable du service; on dirait de nos jours «attaché de presse». Pour un garçon possédé du désir d'écrire, c'est un poste stratégique.

Hachette est l'éditeur de la pensée libérale et du jeune positivisme. Dans son catalogue, Zola découvre Taine et Littré, les principes et les méthodes

Jusqu'à l'âge de vingt-deux ans, Zola est tout imprégné de culture classique et romantique. Son entrée chez Louis Hachette (à gauche) lui révèle le mouvement contemporain, la pensée tainienne sur les déterminismes du milieu et de l'histoire. Ce sont ses «illuminations» et les tout premiers germes du naturalisme.

modernes de l'histoire et de la critique, l'édition des grands écrivains classiques, les traductions de Dickens, la vulgarisation scientifique, etc. Les *Essais de critique et d'histoire* l'introduisent à Stendhal et à Balzac. Il passera là quatre ans : ce sont ses universités. Jusqu'ici, il rêvait, désormais il apprend son métier d'écrivain. Il se dépouille de ses ferveurs romantiques, héritées de Musset et de Hugo, et apprend à ouvrir ses yeux sur le monde réel, sur les prodigieuses curiosités de la vie sociale. Il découvre qu'il y a place pour une nouvelle *Comédie humaine.* A condition d'observer sans illusions le spectacle de la vie politique et du monde impérial.

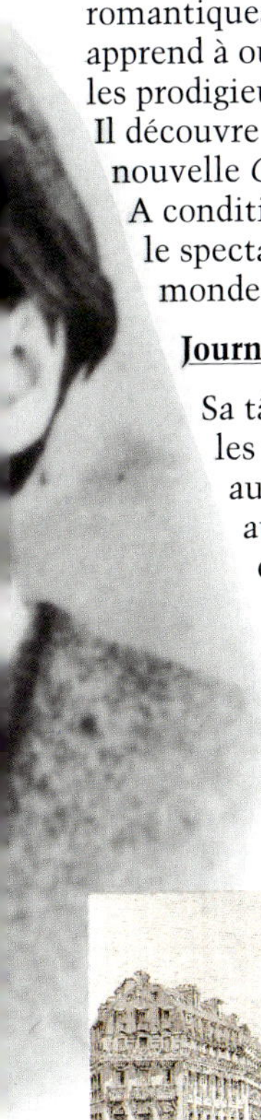

Journaliste, ami des proscrits

Sa tâche, chez Hachette, est de lire les nouveautés, de les présenter aux critiques, de rassurer leurs auteurs et si possible de leur complaire. A ce carrefour entre l'éditeur, les auteurs et la presse, on garnit rapidement son carnet d'adresses. Zola, à vingt-cinq ans, s'est déjà constitué un réseau serré. Et il n'a pas perdu de temps pour l'activer. Encore fallait-il avoir la plume rapide et sûre.

En 1863, Zola collabore au lancement du *Dictionnaire de la langue française* d'Emile Littré (ci-dessous), qui paraît d'abord par fascicules. Il noue également des relations avec Taine, Emile Deschanel, Jules Simon, About, etc.,

ainsi qu'avec de nombreux directeurs de journaux, à Paris et en province. Il lit beaucoup et vite, pour rédiger le *Bulletin du libraire et de l'amateur de livres,* qui présente les ouvrages de la maison.

La librairie Hachette occupe, en 1862, le coin du boulevard Saint-Michel et du boulevard Saint-Germain. Zola y deviendra rapidement un employé important, aux côtés d'Emile Templier, le gendre de Hachette.

Une des scènes de *La Confession de Claude* (1865) se passe au bal de l'Opéra. Zola a déjà publié les *Contes à Ninon* (1864), chez Hetzel et Lacroix. Il collabore désormais à plusieurs journaux : *Le Petit Journal, Le Salut Public de Lyon, La Vie parisienne, Le Figaro*. Il gagne 200 francs par mois avec sa plume. Son nom, déjà, figure dans le *Dictionnaire des contemporains*.

Qu'on en juge. En 1863 – à vingt-trois ans –, il a livré ses premières chroniques à un journal de Lille, le *Journal populaire* (dirigé par un républicain). Un an plus tard il publie son premier volume, les *Contes à Ninon*, chez l'éditeur Hetzel, ancien proscrit du 2-Décembre et ami de Hachette. En 1865 il est engagé à la fois par *Le Petit Journal* et par le *Salut public de Lyon*, et il publie son premier roman, *La Confession de Claude*, chez l'éditeur Lacroix. En 1866, il assure une chronique régulière dans *L'Evénement*, que dirige Villemessant, par ailleurs fondateur du *Figaro*. Ce sont les «Livres d'aujourd'hui et de demain», accompagnés dans le même journal par un «Salon», signé Claude, qui fait scandale.

L'ÉVÉNEM

RÉDACTEUR EN CHEF : H. DE VILLEMESSA

Paris et Départements : Un mois, 3 fr. 50; — Trois mois, 10 fr.; — Six mois, 20 fr.; — Un an, 40 fr.; — Adresser les mandats à l'ordre de M. A. Dumont,

Horreur des horreurs, Zola s'y est exclamé : «La place de M. Manet est au Louvre», et il a rejeté dans l'enfer du «pompiérisme» tous les peintres aimés des riches acheteurs, Cabanel en tête. Les lecteurs se désabonnent. Mais, coup sur coup, Zola publie un second roman, *Le Vœu d'une morte*, une réunion de ses critiques d'art provocatrices, *Mon Salon*, et un recueil de ses grandes études littéraires du *Salut public*, *Mes Haines*.

«Thérèse Raquin» : les fureurs de l'éros

Cela sonne comme le coup de clairon d'une entrée à la Bonaparte sur le champ des batailles littéraires. Les articles de *Mes Haines*, et plus encore *Thérèse Raquin*, l'année d'après, gagnent immédiatement à Zola l'intérêt des Goncourt, de Taine et de Sainte-Beuve, entre autres. On n'avait pas vu depuis longtemps, dans le Paris des «belles-lettres», pareille juvénile maestria. Et ce n'était qu'un début...

Voilà donc qu'en quatre ans un nouveau nom s'est imposé : Emile Zola, vingt-sept ans. Dans la «petite presse», dans la chronique d'art, dans le roman. Avec, déjà, une réputation sulfureuse. «Littérature putride», s'est écrié Louis Ulbach à propos de *Thérèse Raquin*, qui a pourtant d'abord paru dans une revue d'esthètes : *L'Artiste*. Mais un mot-drapeau a surgi :

A partir du 31 janvier 1866, Zola ne peut plus compter sur un salaire mensuel. Il lui faut vivre de ce qu'il écrit. Il réussit à se faire engager à *L'Evénement*, récemment fondé par Hippolyte de Villemessant (également propriétaire du *Figaro*). Il y publie, toute l'année, une chronique régulière, *Livres d'aujourd'hui et de demain* : essentiellement les «bonnes feuilles» d'ouvrages à paraître. Mais Villemessant, sachant sa connaissance du milieu des jeunes peintres, lui confie aussi les comptes rendus du Salon de peinture. Las! Le *Salon* de Zola déclenche un extraordinaire charivari, par son mépris des maîtres de la peinture académique et par son éloge de Manet (ci-dessus) et des paysagistes. Coup de chapeau du vieux camarade Cézanne : celui-ci immortalise la campagne de Zola en peignant son père lisant *L'Evénement* (à gauche).

Mon cher Manet.

Je suis désolé. Je suis obligé d'en arriver à ce que j'aurais voulu éviter entre nous : à vo[us] demander un service d'argent.

J'avais compté pour le 15 avril sur la réimpression de Thérèse Raquin et sur un travail pour la Revue moderne. Thérèse Raquin

de ce mois,

ur mon tra

avancer les

viron cette

vous rembour

droits d'auteur

tant les plus

ndre plus loin

pour m'adresser

vous serrer

ce d'argent

nécessités tristes

dans la vie. Ce qui me touche un peu

le naturalisme. Et la météorologie romanesque change, sous le patronage d'une trilogie féminine imaginaire et inoubliable : Emma Bovary, Germinie Lacerteux et Thérèse Raquin. Il reste à aborder le terrain politique. Cela ne tardera pas.

Au début de 1866, Zola a commis une imprudence; ou, qui sait, il y a peut-être été contraint en raison de ses audaces esthétiques : il a quitté Hachette. Il croit avoir conquis son indépendance et pouvoir vivre de sa plume. Or, malgré ses publications, les trois années qui suivent vont être très difficiles. D'autant plus dures que Zola a maintenant la charge de deux femmes : sa mère, et sa compagne, Alexandrine Meley, qu'il n'épousera qu'en mai 1870. Les livres se vendent peu, les journaux paient mal. Une fois ou l'autre, Edouard Manet, qui en a les moyens, dépanne Zola. Pour faire bouillir la marmite, Alexandrine copie des adresses sur des enveloppes, à quelques centimes l'enveloppe.

Zola a tourné le dos à la vie d'employé. Il est pauvre, il ne sait de quoi demain sera fait, mais il est libre, jeune, confiant dans son imagination, ses goûts, la vigueur de sa pensée et de sa plume. Il a choisi ses compagnons : ce sont tous des écrivains et des peintres. Et l'on trouve toujours quelques sous dans les salles de rédaction, quand on ne rechigne pas à l'écriture.

Un des chefs-d'œuvres de Manet sera le portrait de Zola, présenté au Salon de 1868. On y voit, disposés en éventail, tous les livres déjà publiés du jeune écrivain, et son emblématique encrier. Olympia, en tableau dans le tableau, tourne les yeux vers celui qui lui a rendu un hommage fervent. Mais alors qu'il pose pour Manet et écrit *Thérèse Raquin*, Zola publie dix fois moins d'articles que l'année précédente. Son profil et sa signature sont fiers, mais que d'incertitude encore sur l'avenir !

ÉMILE ZOLA

THÉRÈSE

RAQUIN

PARIS
LIBRAIRIE INTERNATIONALE
15, BOULEVARD MONTMARTRE
A. LACROIX, VERBOECKHOVEN & Cie, ÉDITEURS
A Bruxelles, à Leipzig et à Livourne
1868
Tous droits de traduction et de reproduction réservés.

L'Empire pris pour cible

C'est une loi impériale qui va le tirer d'affaire : la loi du 11 mai 1868, qui libéralise le régime de la presse. Partout on s'affaire à créer de nouveaux journaux, surtout dans les milieux républicains. Napoléon III a soulevé le couvercle de la boîte de Pandore : il ne pourra plus arrêter le flot des véhémences.

Zola est devenu l'ami de Manet, qui est l'ami de Théodore Duret, négociant et critique d'art. Celui-ci

participe à la création de *La Tribune*, hebdomadaire républicain. Il y facilite l'entrée de Zola, qui y publiera chaque semaine une «Causerie». La hantise de la misère s'éloigne. Elle est remplacée par un frémissement de polémique et de satire anti-impériale. Sincère, sans doute : il s'opposera toujours, instinctivement, à l'autocratie. Mais ses professions de foi démocratiques sont aussi de circonstance : c'est un gage indispensable à offrir à ses nouveaux employeurs.

Il faut cependant plus qu'une chronique hebdomadaire pour nourrir une famille – sans enfants, mais avec chien et chat. Zola fait une offre de service aux proches de Hugo, le grand exilé, qui viennent de fonder *Le Rappel*, plus radical que *La Tribune* : il y publiera quelques articles, puis sera écarté à cause d'une chronique trop passionnément admirative pour Balzac, trop silencieuse sur le poète des *Contemplations*. Il est plus heureux avec *La Cloche*, où paraissent ses charges les plus virulentes contre l'Empire : Louis Ulbach, directeur du journal, n'a pas aimé *Thérèse Raquin*, mais apprécie le chroniqueur insolent.

La libéralisation du régime de la presse, à partir de janvier 1868, ouvre la voie à la création de vigoureux journaux d'opposition. Ils sont souvent le fait d'un homme, à la plume talentueuse et ferrailleuse : Louis Ulbach (Ferragus) à *La Cloche* (ci-dessus), Henri Rochefort (à gauche) à *La Lanterne*, Jules Vallès (à droite, en haut) au *Cri du Peuple*.

Un pied dans chaque camp

Les piges n'ont pas d'odeur… Zola réussit à entrer aussi dans les équipes rédactionnelles de deux journaux plutôt réservés à l'égard de l'opinion républicaine : *L'Evénement illustré*, où il publie un nouveau «Salon» et le feuilleton de *Madeleine Férat*; et *Le Gaulois*, où il reprend sa chronique des «Livres d'aujourd'hui et de demain».

Il n'est pas vraiment des sérails où se recrutera le personnel républicain (Gambetta, Favre, Ferry, Clemenceau). Il n'a pas non plus la fougue militante et insouciante de Vallès : il sait prendre, *in petto*, ses distances, et par rapport à la rhétorique révolutionnaire, et par rapport aux risques. Il analyse plus froidement les situations, et

Zola entre à *La Tribune*, dirigée par Camille Pelletan (ci-dessous), sur la recommandation de Théodore Duret, négociant en vins et critique d'art, ami de Manet et collectionneur de toiles impressionnistes. Il y rédige des «Causeries», politiques ou littéraires, jusqu'à la fin de 1868. Cela le tire d'affaire financièrement, pendant qu'il écrit *Madeleine Férat* (1868), dont une scène se passe à Mantes (ci-contre *Le Pont de Mantes* par Corot), en clin d'œil à ses amis les peintres de Bennecourt.

s'attache avant tout à son grand dessein littéraire. Il se montre tout de même, à sa manière, un réfractaire. Rappelant sans trêve les origines sanglantes de l'Empire, fustigeant les débauches et les corruptions de la société impériale, daubant sur les serviteurs du régime, il mène, d'une plume qui ne passe pas inaperçue, son opposition à lui, qui n'est pas celle d'un parti, ni d'une coterie, mais celle d'un moraliste indépendant et d'un homme de défi.

Et le voilà déjà lancé dans la grande aventure des *Rougon-Macquart*. *Madeleine Férat* (1868) a mis un terme à un premier cycle de romans – fondés sur une vision tragique de la femme et du couple. Il jette désormais les bases d'un cycle de la famille et du réseau social. Il passe des journées entières à la Bibliothèque nationale, lisant des traités sur l'hérédité et sur l'histoire du coup d'Etat de 1851. Il fera désormais deux parts dans sa vie : le journal et le roman.

THÉÂTRE DE L'AMBIGU
L'ASSOMMOIR
LE LAVOIR
GERVAISE
LA BARRIÈRE POISSONNIÈRE
L'ASSOMMOIR
COUPEAU
LA MAISON EN CONSTRUCTION
L'ÉLYSÉE MONTMARTRE
GOUJET
DRAME EN 9 TABLEAUX TIRÉ DU ROMAN
DE Mr E. ZOLA
PAR Mrs W. BUSNACH & O. GASTINEAU

L'orage militaire et politique qui ravage le pays aurait pu être fatal au destin de Zola, soit en le détournant vers la carrière politique, soit en faisant de lui un polémiste réprouvé, suspect à l'ordre moral d'un nouveau régime qui ne veut pas s'avouer républicain. Il échappe à ces deux risques en s'arc-boutant sur le vrai terrain de son génie : la littérature. La pyramide des *Rougon-Macquart* s'édifie, surprenante de puissance et d'éclat.

CHAPITRE III
À GUSTAVE FLAUBERT, «EN HAINE DU GOÛT»

Gabrielle-Alexandrine Meley, grande jeune femme brune, d'un an plus âgée que Zola, est aux côtés de ce dernier depuis 1865. Il l'a épousée le 31 mai 1870. Après le succès de *L'Assommoir* – paru en feuilleton dans *Le Bien Public* en 1876, en volume en 1877, et adapté au théâtre en 1879 –, la fortune venue, elle veillera à la respectabilité bourgeoise des demeures de Paris et de Médan.

Depuis *Thérèse Raquin*, Zola est un romancier dont on parle ; depuis *Mon Salon*, un critique d'art qui intéresse et qui étonne ; depuis les campagnes de *La Tribune* et de *La Cloche*, un polémiste qu'on craint, et qu'on surveille. Le voilà porté sur trois fronts à la fois, pour le moins. Il dégaine vite et tire juste. Il parle pour lui, mais aussi au nom d'une jeunesse intellectuelle qui s'impatiente devant la pompe vieillissante des pouvoirs impériaux. Vingt ans, ça suffit…

LES ROUGON-MACQUART

Histoire naturelle et sociale d'une famille sous le second Empire

I

LA FORTUNE

DES ROUGON

PAR

ÉMILE ZOLA

PARIS

LIBRAIRIE INTERNATIONALE

A. LACROIX, VERBOECKHOVEN ET Cie, ÉDITEURS

La Fortune des Rougon, premier roman du cycle des *Rougon-Macquart*, se situe à la convergence de l'héritage balzacien, symbolisé par une célèbre caricature de Gill (ci-dessous), et de l'engagement de Zola dans l'opposition républicaine au second Empire.

Une nouvelle «Comédie humaine»?

Cette turbulence pèse peu à côté de ce qui viendra. Zola n'a que trente ans – ou déjà trente ans –, mais il prépare une artillerie autrement plus lourde que celle de ses premiers essais. Pour s'assurer une régularité de rentrées financières – il demandera une garantie de cinq cents francs par mois à son éditeur, Lacroix –, et aussi pour appliquer le modèle de *La Comédie humaine*, de Balzac, il a conçu l'idée d'un cycle de dix romans, racontant l'histoire d'une famille sous le second Empire, et par là même traversant, pour les dépeindre,

tous les milieux de la société. Il hésite sur le patronyme; il s'arrêtera finalement sur «les Rougon-Macquart» : la famille aura deux branches, l'une légitime, l'autre bâtarde; son histoire sera celle d'une marche forcenée vers tous les pouvoirs et toutes les jouissances, et inversement d'une descente vers toutes les déchéances : le drame contrasté de l'humanité moderne.

Lacroix, qui a déjà publié *Thérèse Raquin* et *Madeleine Férat*, a accepté le marché. En mai 1870, le premier volume, *La Fortune des Rougon*, qui fait revivre l'insurrection des paysans de Provence contre le coup d'Etat de décembre 1851, commence à paraître en feuilleton dans *Le Siècle*.

La bande du café Guerbois

Tout pourrait dès lors sourire aux Zola. Une rémunération mensuelle, un projet fort sur le long terme, un début de notoriété, un ménage régularisé.

Au bord de la Seine, le petit village de Bennecourt, en face de Bonnières (au-delà de Mantes), fut entre 1866 et 1868 le gîte et le site favoris d'une bande de jeunes peintres et littérateurs inconnus qui se nommaient Cézanne, Monet, Zola, Guillemet... Cézanne avait découvert l'endroit sur les traces du peintre Daubigny. L'eau, les barques, la lumière, la jeune femme assise (ici, Camille, compagne de Monet, l'auteur du tableau), tous les motifs de l'impressionnisme sont déjà là.

Un logis de Parisien installé : Emile et Alexandrine ont quitté la rive gauche, où sont les souvenirs de la jeunesse pauvre et des déménagements fréquents, pour la rive droite, le quartier des Batignolles, aux loyers bon marché, mais facilement relié au quartier de la rue Montmartre, où se concentrent les journaux, aussi bien qu'à celui de la Nouvelle-Athènes, autour de l'église Notre-Dame-de-Lorette, où se trouvent les ateliers de la jeune peinture. Des amis enfin : d'abord les Provençaux, Paul Alexis, Marius Roux, Cézanne quand il «monte» d'Aix à Paris, et aussi les peintres que Zola a soutenus dans ses «Salon», Manet, Bazille, Monet, Pissarro, Renoir, le critique Duranty. Tous se retrouvent au café Guerbois, avenue de Clichy, pour vitupérer la peinture académique et rêver de motifs inédits, de reflets dans les feuillages et de coups de lumière sur la peau et les cheveux des femmes. Fantin-Latour les immortalise dans *L'Atelier du peintre* : la vie d'artiste, une nouvelle bohème un peu mieux assurée du lendemain, et la certitude fabuleusement excitante qu'on est en train d'inventer l'art moderne.

Paul Alexis lisant un manuscrit à Zola (en bas), peint par Cézanne.

La guerre puis le désastre de Sedan vont bousculer tout cela. 19 juillet 1870 : déclaration de guerre de la France à la Prusse ; 2 septembre : défaite de Sedan ; 4 septembre : effondrement de l'Empire. Les Prussiens marchent sur Paris. Que va-t-il advenir des journaux, de la littérature et des arts ? Comment survivre quand on n'a que sa plume pour gagne-pain ?

La guerre à Marseille

Mais avec la guerre vient aussi l'espoir : le régime impérial disparu, il y aura des places à saisir, et des dividendes à toucher sur les risques pris dans l'opposition...

Le gouvernement impérial s'est quelque peu libéralisé avec Emile Ollivier à sa tête. Mais il va commettre l'erreur fatale de chercher dans la guerre une nouvelle légitimité.

La guerre, la défaite, le siège de Paris jettent la dispersion dans le groupe des Batignolles (peint par Fantin-Latour, en page de gauche, en haut). Frédéric Bazille (grande silhouette sur la droite du tableau) est tué au combat, à trente ans. Cézanne rentre à Aix. Zola, soutien de famille, ne part pas à la guerre ; il quitte Paris au dernier moment, peu avant l'arrivée des Prussiens. La publication de *La Fortune des Rougon* en feuilletons, dans *Le Siècle,* a cessé. Toute une patiente ascension vers la notoriété – et le bien-être – se trouve subitement stoppée.

A tout prendre, Zola se verrait bien préfet, ou directeur de ministère. C'est compter sans la méfiance des républicains purs et durs, l'âpreté de la course qui va se déclencher, autour de Gambetta, de Thiers, et des «Jules» – Ferry, Favre, Grévy, Simon –, nouveaux maîtres d'une France diminuée.

L'imminence du siège de Paris le jette dans les trains, sur les chemins de l'exode, vers le Midi, qu'il connaît et où il a conservé quelques relations. Le 7 septembre, les Zola partent pour Marseille. Zola emporte dans ses bagages le manuscrit commencé de *La Curée*. L'objectif est de trouver un emploi dans

Zola, parti pour Marseille, n'a donc rien connu des combats de l'automne1870 à la périphérie de Paris ni des disettes du siège – illustrés jour après jour par des peintres tels qu'Edouard Detaille (ci-dessus), et par les dessinateurs de presse. Beaucoup plus tard, il les fera revivre dans *La Débâcle*, à partir de témoignages d'époque.

la presse marseillaise et si possible une fonction dans la nouvelle administration régionale; s'il le faut, d'aller jusqu'à Bordeaux, où siège une délégation du gouvernement de Défense nationale, pour exiger la juste reconnaissance des services passés.

Zola restera ainsi absent de Paris pendant six mois. Mais il va frapper en vain à toutes les portes de la province, avant de revenir, tout bonnement, au journalisme et à la littérature, désillusionné sur l'hospitalité de la République. A Marseille, il fonde avec Marius Roux un journal, *La Marseillaise*, qui ne vivra que quelques semaines. Il a espéré devenir sous-préfet d'Aix-en-Provence : revenir en maître dans une ville qu'il avait quittée dans la gêne et l'humiliation, quelle revanche! Mais ce n'était qu'un mirage. Les mois passent et rien ne s'offre à Aix ni à Marseille, sinon la sympathie du directeur du *Sémaphore de Marseille*, un des principaux quotidiens de la ville. Tout se décide à Bordeaux.

Justifié par la proximité de ses amis aixois et d'anciennes relations de son père, le choix de Marseille est sans doute une erreur. Car les personnalités influentes de l'ancienne presse républicaine sont à Bordeaux, où se constitue le personnel de la future République. Le gouvernement des «Jules», à Paris, est tout entier occupé à défendre, ravitailler, surveiller... et préparer l'armistice.

Bordeaux, Paris, Versailles

Zola fait alors d'une pierre deux coups. Le 11 décembre, laissant momentanément sa femme et sa mère à Marseille, il part pour Bordeaux, à la fois pour y sonder l'entourage des ministres, et pour y devenir le correspondant du *Sémaphore*. Et là, subitement, la chance lui sourit. Un des plus obscurs membres de la délégation du gouvernement, Glais-Bizoin, qu'il a connu dans les locaux de *La Tribune*, fait de lui son secrétaire particulier. Il le fait même nommer sous-préfet de Castelnaudary : rien d'exaltant ; et Zola se garde bien de rejoindre ce poste. En fait, il se trouve au bon endroit au bon moment ; c'est à Bordeaux que l'Assemblée nationale issue des élections du 8 février 1871 va se réunir. Tout naturellement, et de manière quasi simultanée, Louis Ulbach, directeur de *La Cloche* à Paris, et Barlatier, directeur du *Sémaphore de Marseille*, lui confient une correspondance parlementaire presque quotidienne. Le voilà tiré d'affaire. Et il revient à ce qu'il sait vraiment faire. Au surplus, il se trouve aux premières loges du théâtre politique.

Episode mystérieux dans la carrière journalistique de Zola : *La Marseillaise*, «journal populaire à 5 centimes», qui n'exista pas plus d'un trimestre, et dont les collections ont complètement disparu. On est sûr cependant que le journal a paru, car la presse marseillaise de l'époque en fait mention.

Dans Paris en révolte

La France et la Prusse ont signé un armistice le 28 janvier 1871. L'Assemblée nationale s'installe à Versailles en mars – et non pas à Paris, dont Thiers et le nouveau pouvoir se méfient. Les Zola suivent : ils rentrent à Paris le 14 mars. Zola a rouvert le manuscrit de *La Curée*, et il songe déjà aux romans qui vont suivre. En somme, la chute de l'Empire a servi son projet, en bouclant l'époque qu'il avait choisie pour cadre, et en lui fournissant son point d'orgue.

Et pourtant, tout n'est pas encore joué. Il reste à traverser sans encombre la tourmente de la Commune. Au début, au cours des semaines qui suivent le 18 mars, Zola prend tous les jours le train pour Versailles, où il assure le compte rendu des séances parlementaires.

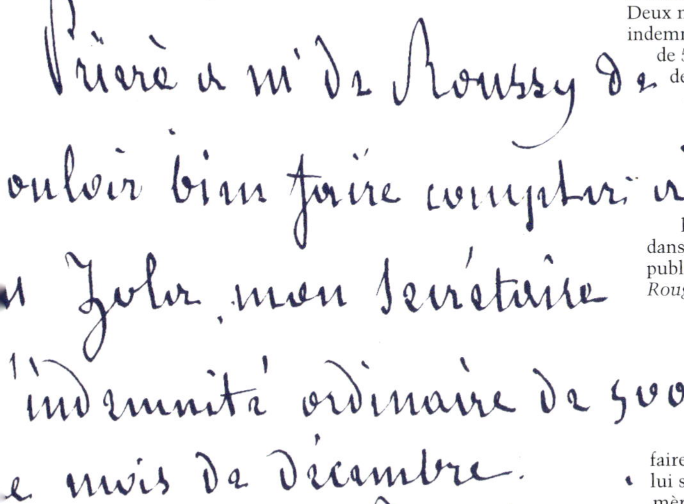

Prière à M. de Roussy de vouloir bien faire compter à M. Zola, mon secrétaire, l'indemnité ordinaire de 500 f. pour le mois de décembre.

La chance de Zola à Bordeaux fut de rencontrer Glais-Bizoin, une ancienne connaissance parisienne qui le prit sous sa protection, au demeurant fort limitée. Deux mois durant, une indemnité mensuelle de 500 francs (ordre de paiement ci-contre) – l'équivalent de l'avance mensuelle que lui avait assurée l'éditeur Lacroix dans le contrat de publication des *Rougon-Macquart* – allait permettre à Zola de faire venir auprès de lui sa femme et sa mère, et de survivre jusqu'au retour. Ci-dessous une séance de l'Assemblée nationale dans le grand Théâtre de Bordeaux.

Puis la situation se tend; la publication de *La Cloche*, journal républicain mais non communard, est suspendue le 19 avril. Zola comprend la révolte parisienne, mais il se doute que sa cause est perdue et il en condamne les utopies. Craignant d'être arrêté comme «otage», il réussit à fuir Paris, le 10 mai, avant la semaine sanglante, et va se réfugier à Bennecourt, non sans avoir averti Thiers : si l'armée de Versailles donne l'assaut, elle fera couler dans Paris des ruisseaux de sang. Juste prédiction : de retour à Paris à la fin de mai, Zola sera épouvanté par les atrocités de la répression versaillaise.

Dans les articles qu'il envoie au *Sémaphore de Marseille* et à *La Cloche*, fin mai et début juin 1871, Zola ne cache rien des horreurs qui ont marqué la victoire des Versaillais sur les insurgés de la Commune. Ci-dessous, une exécution de communards; en bas, Thiers congratulant un soldat de l'armée régulière

La pseudo-République de Thiers s'est montrée plus cruelle aux pauvres que l'Empire.

Face à l'ordre moral

Paris a reconquis la paix et l'ordre, mais à quel prix! Comment Zola

va-t-il s'y refaire une place ? Il est partagé entre la confiance et le malaise. Confiance dans la renaissance du pays, dans les ressources de sa capitale, dans la vitalité de la jeune génération, dans ses propres forces aussi : il multiplie dans *La Cloche* et *Le Sémaphore* les chroniques de mœurs et d'atmosphère, il élargit le futur cycle des *Rougon-Macquart*, il rêve de réussir au théâtre, il écrit comme il respire. «*Nulla dies sine linea*»... : il sait qu'il porte en lui un monde. Malaise aussi, et fureur, de sentir la chape de l'ordre moral s'appesantir sur la France, et intimider tous les esprits libres. Après Thiers, Mac-Mahon. Sur la colline de Montmartre, bientôt s'élèveront les murailles du Sacré-Cœur, en expiation

symbolique des désastres et des révolutions. C'est la République des ducs et des évêques, en attendant la restauration monarchique. La censure veille. La police garde un œil sur les républicains. Zola ne sait pas qu'il est lui-même fiché à la préfecture...

Curieuse époque, toute d'ambiguïté et d'attente, étouffante et terne. Zola enrage, et il a les meilleures raisons : *La Cloche*, le 5 novembre 1871, a interrompu la publication de *La Curée*, sur intervention du parquet, pour atteinte aux bonnes mœurs. Quelques mois plus tard, une chronique politique de Zola, cruelle, il faut le dire, pour le duc de Broglie et quelques autres, fait suspendre *Le Corsaire*. *La Cloche* a disparu.

Une vingtaine de milliers de Parisiens sont morts sous les balles de Versailles, ou déportés, emprisonnés. Il faut encore qu'ils expient le péché de révolution et endossent tous les malheurs du pays, sur la colline même qui a vu leurs premières et leurs dernières barricades : Monmartre. Décision est prise, à cet effet, de construire la basilique du Sacré-Cœur (en haut, pendant les travaux).

Ne reste, pour l'héberger pendant les cinq années qui suivent, que *Le Sémaphore de Marseille* – où ses articles paraîtront anonymement.

«Quels gredins»...

D'autres se décourageraient, s'écœureraient, ou se vendraient. Zola, d'une certaine manière, s'amuse et s'excite. Dieu, qu'ils sont bêtes et odieux! «Quels gredins que les honnêtes gens», s'écrie Claude Lantier à la fin du *Ventre de Paris*. Mais aussi, quelle matière de choix pour une verve vengeresse! Et il va s'en donner à cœur joie.

C'est le sens de la rafale romanesque qui surgit, année après année, entre 1872 et 1876, avec les premiers volumes des *Rougon-Macquart* : un règlement de comptes, avec les hypocrisies et les mystifications bien-pensantes; une expansion de la satire, de l'ironie, du refus, du non-conformisme, du mépris, de la provocation; une mise en scène de l'«hénaurme», à la Flaubert. Peu importe que la scène soit censée se passer quinze ou vingt ans auparavant. Dans les Halles du *Ventre de Paris*, l'égoïsme, les cruautés, les ignominies des appétits et des digestions soutiennent les pouvoirs et les polices; cela est vrai de tout temps; le ventre ne connaît pas la morale, pas plus en 1872 qu'en 1852.

Le Ventre de Paris (1873), *La Conquête de Plassans* (1874) et *La Faute de l'abbé Mouret* (1875) peuvent se lire comme une satire de l'emprise cléricale sur les consciences de l'après-guerre. En 1872, Zola a passé des journées et des nuits dans les Halles, fasciné par les structures métalliques de Baltard et par l'amas des nourritures. C'est pour lui le lieu du grand affrontement mythique des Maigres (tel Florent, le républicain déporté et évadé) et des Gras (telle Lisa Macquart, la grasse charcutière, qui livrera Florent à la police de l'Empire).

Tout deviner et tout dire

La Conquête de Plassans, en 1874, est un brûlot anticlérical : Zola y raconte la conquête d'une

24f

L'entrée des maraîchers. —

Avenue de Neuilly. Je ferai tomber Flo-
à la hauteur de la ~~route de Madrid~~, rue de Longchamp
rent après le pont, au bord d'un trottoir,
(larges trottoirs, grands arbres, maisons basses) ~~en~~
~~monstrueux~~ deviné ! dans le silence ! dans le désert
avec Paris) devant lui tout en haut, au bout
la file régulière des lumières (l'idée de monter,

l'al[illegible] — Vers deux
heu[illegible] enfoncements
noi[illegible] noires, entre
[illegible] grand ciel-
[illegible] avec les lumières
[illegible] rouge sur l'eau-
[illegible]
— D[illegible] à 2 roues,
avec un seul cheval. Légumes débordant, une bâche
navets, gros bouquets blancs — La lanterne, carrée,
est à droite, jette une lueur très faible. L'hom-
contre planchette ! L'homme est assis de côté, tient les guides en dormant
me couché. Par file de 5 ou 6, ou isolés. — À la
limousine
rivière encombrement, les gabelous sondant. — Le bruit
sans le grand silence.
cahots, avec échos contre les maisons, sur la bande de pavés

ville de province monarchiste – Plassans, qui a pour modèle Aix-en-Provence – par un prêtre acquis au pouvoir de l'Empereur et de sa clique, subjuguant les femmes, la belle société, la jeunesse et le clergé local, pour le succès de la cause; mais on y entend les échos de ses chroniques récentes de *La Cloche*, où il raillait, jour après jour, les légitimistes, les députés ruraux, les pères jésuites, monseigneur Dupanloup, etc. Au demeurant, un parfait manuel de machiavélisme. *La Faute de l'abbé Mouret*, l'année suivante, est également le roman d'un prêtre, mais d'une autre venue – tout aussi sulfureuse.

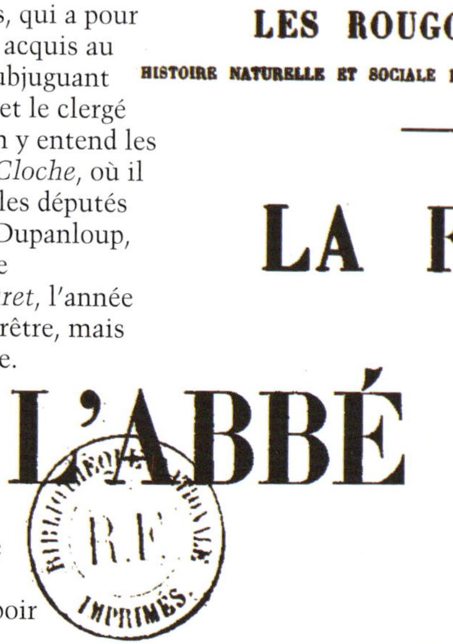

L'abbé Mouret, lavé de l'enseignement du séminaire par une maladie qui l'a laissé sans mémoire, renaît à la vie, au désir, aux pulsions naturelles, entre les bras d'une nouvelle Eve, dans un paysage de paradis terrestre, avant d'être reconquis par l'Eglise, laissant sa jeune amante à un désespoir mortel.

Ce sont des œuvres d'audace, sinon de scandale, qu'il faut lire en oubliant dans une grande mesure les pompeuses théories scientistes que Zola plaquera sur elles un peu plus tard dans *Le Roman expérimental*, au nom de l'observation, de l'expérimentation, de la physiologie. On y découvre de véritables éclairs d'intuition psychologique, voire même psychanalytique, qui dépassent Claude Bernard et Charcot, et anticipent sur Freud; une connaissance des instincts, des rêves et de la folie; une science de la mise en intrigue et du nœud dramatique; un baroquisme décoratif qui annonce

ACQUART

ILLE SOUS LE SECOND EMPIRE

UTE

OURET

l'Art nouveau fin de siècle; une somptuosité lyrique de la composition; bref une écriture romanesque inédite, totalement étrangère aux modèles hérités, y compris au modèle balzacien. C'est provocant de toutes les manières.

Gervaise et les ivrognes

L'assaut contre les bienséances va trouver son couronnement avec le succès sans précédent de *L'Assommoir*, qui s'étale d'ailleurs sur deux années, de la publication en feuilleton en 1876 à la publication en volume en 1877.

L'Assommoir étonne, dérange, écœure, épouvante, enchante, selon les critiques et les publics. Les uns fulminent et dénoncent : Barbey d'Aurevilly,

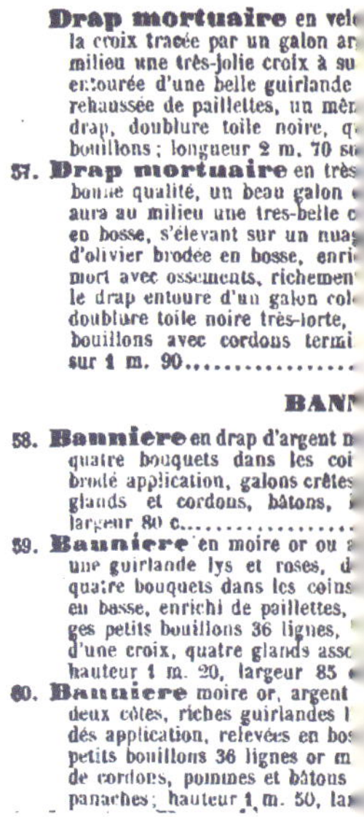
Drap mortuaire en vel
la croix tracée par un galon ar
milieu une très-jolie croix à su
entourée d'une belle guirlande
rehaussée de paillettes, un mên
drap, doublure toile noire, q
bouillons ; longueur 2 m. 70 s
57. **Drap mortuaire** en très
bonne qualité, un beau galon
aura au milieu une très-belle c
en bosse, s'élevant sur un nuag
d'olivier brodée en bosse, enri
mort avec ossements, richemen
le drap entoure d'un galon col
doublure toile noire très-forte,
bouillons avec cordons termi
sur 1 m. 90................

BAN

58. **Bannière** en drap d'argent n
quatre bouquets dans les coi
brodé application, galons crêtes
glands et cordons, bâtons,
largeur 80 c................
59. **Bannière** en moire or ou
une guirlande lys et roses, d
quatre bouquets dans les coins
en bosse, enrichi de paillettes,
ges petits bouillons 36 lignes,
d'une croix, quatre glands ass
hauteur 1 m. 20, largeur 85
60. **Bannière** moire or, argent
deux côtés, riches guirlandes
dés application, relevées en bos
petits bouillons 36 lignes or m
de cordons, pommes et bâtons
panaches; hauteur 1 m. 50, la

Pour préparer *La Faute de l'abbé Mouret*, Zola a assisté à des offices à l'église des Batignolles, compulsé catalogues d'objets ecclésiastiques, carnets de séminaristes et manuels à l'usage de confessseurs.

Zola lit en 1878 *L'Introduction à la Médecine expérimentale* de Claude Bernard (ci-contre, pendant sa célèbre *Leçon*, peinte par Lhermitte). Il en tire aussitôt argument en faveur du naturalisme : tout dire sur le corps, ses pulsions et ses maux, voilà un objectif nouveau, qui rapproche le romancier et le médecin.

Pontmartin – et même Hugo, qui ne reconnaît pas dans Gervaise, Coupeau et Mes-Bottes, ses «misérables». Les autres jubilent, intensément : Flaubert, à qui l'ouvrage est dédicacé «en haine du goût», Huysmans, Céard, et même Mallarmé, qui apprécie cette transposition artiste du verbe populaire.

L'Assommoir est le premier roman – depuis Rabelais et Restif de la Bretonne – où l'on sente l'odeur et la sueur du peuple, où l'on entende la rumeur des rues, et où la prose, la grande prose française se nourrisse des instincts et des expériences de l'être humain dans leur pureté et leur violence originelles : la faim, le sexe, le plaisir, la gaieté, le travail, la misère, la souffrance, la folie, la déréliction, la mort. C'est un roman inclassable à l'aide de quelque mot en *-isme* que ce soit; un aérolithe tombé subitement du ciel de la littérature, «chu d'un désastre obscur»... Il ahurit la critique académique, mais s'enlève par milliers de volumes et apporte soudainement la fortune à son auteur, et à son éditeur, Georges Charpentier, qui publie Zola depuis 1872.

L'atelier littéraire

Zola est devenu maintenant un maître reconnu, respecté, admiré, redouté... ou haï. Ses droits d'auteur se sont faits confortables. Il s'installe en 1877 rue de Boulogne, dans un appartement plus cossu que celui des Batignolles; en 1878 il achète une

Après la faillite de Lacroix, l'éditeur Charpentier (à gauche) a «récupéré» Zola. Il lui assure la même clause d'avances mensuelles. A partir de 1877, Zola perçoit des droits d'auteur proportionnels aux ventes (50 centimes sur chaque volume, vendu 3 francs 50). Mais il garde le contrôle

personnel des traductions en langues étrangères, de plus en plus nombreuses (ci-dessus, une édition hongroise de *L'Assommoir*).

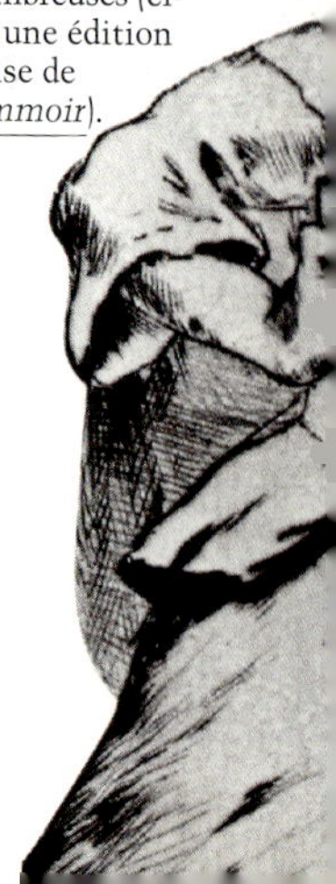

maison de campagne à Médan, près de Poissy, au bord de la Seine, à moins d'une heure de Paris par les trains de la gare Saint-Lazare. C'est de là que sortiront en 1880 *Les Soirées de Médan*, un recueil de nouvelles sur la guerre de 1870, œuvre collective à contre-courant de la littérature cocardière, qui réunit autour de Zola ses jeunes amis Céard, Huysmans, Alexis, Hennique et Maupassant – une sorte de nouvelle école.

L'exemplaire de *L'Assommoir* possédé par Flaubert porte cette dédicace : «A Gustave Flaubert, en haine du goût.» C'est un pied-de-nez à la théorie académique du beau idéal, en même temps qu'une reconnaissance de dette. Comme dans *Madame Bovary*, en effet, Zola multiplie les séquences fortes en couleurs, burlesques, ironiques, pitoyables ou terrifiantes : la bataille du lavoir (ci-dessous figurée par une gravure de Gaston Latouche), la noce de Gervaise, le dîner d'anniversaire, la mort de la petite Lalie, le délire de Coupeau... Gervaise, joliment dessinée par André Gill pour l'édition illustrée du roman (Marpon, 1878, en haut, à gauche), devient le symbole des fatalités qui pèsent sur la femme du peuple. L'arrière-fond de tableaux sombres ou carnavalesques fait souvent place à des esquisses toutes proches de la nouvelle peinture. Renoir a d'ailleurs collaboré à la première édition illustrée.

“Derrière eux, l'Assommoir restait plein, soufflant jusqu'à la rue le bruit des voix enrouées et l'odeur liquoreuse des tournées de vitriol. On entendait Mes-Bottes traiter le père Colombe de fripouille en l'accusant de n'avoir rempli son verre qu'à moitié. Lui était un bon, un chouette, un d'attaque. Ah ! zut, le singe pouvait se fouiller, il ne retournerait pas à la boîte, il avait la flemme...”

Emile Zola,
L'Assommoir,
chapitre III

“Un homme magnifique au travail, ce gaillard-là ! Il recevait en plein la grande flamme de la forge. Ses cheveux courts frisant sur son front bas, sa belle barbe jaune aux anneaux tombants, s'allumaient, lui éclairaient toute la figure de leurs fils d'or, sans mentir. Avec ça, un cou pareil à une colonne, blanc comme un cou d'enfant ; une poitrine vaste, large à y coucher une femme en travers ; des épaules et des bras sculptés qui paraissaient copiés sur ceux d'un géant, dans un musée.”

Emile Zola,
L'Assommoir,
chapitre VI

Rien n'est plus rangé que l'organisation de sa vie quotidienne : écriture de neuf heures à treize heures, trois ou quatre pages par jour, déjeuner, sieste, lecture des journaux et correspondance, soirée théâtrale deux ou trois fois par semaine pour les besoins de sa chronique hebdomadaire dans *Le Bien Public*, puis dans *Le Voltaire*, peu de réceptions – sinon la traditionnelle soirée du jeudi, chez lui, avec quelques amis; de temps en temps un déjeuner ou un dîner d'hommes, en ville, avec Daudet, Goncourt, Flaubert, Tourgueniev; quelques invitations chez les Charpentier ou les Daudet. Pas de maîtresses, pas de caprices, pas de voyages. L'été venu, comme beaucoup de bourgeois

parisiens, les Zola vont aux bains de mer : sur la côte normande en 1875, à Piriac en 1876, à l'Estaque en 1877; puis les étés se passeront le plus souvent à Médan, où Zola fait agrandir sa demeure.

Une «démarche scientifique»?

Il adore le mot «méthode». Et c'est vrai, il est méthodique, régulier, discipliné, tranquille – le contraire du poète échevelé et fantasque… Recevant des chroniqueurs français, italiens, russes, il évoque ses enquêtes sur le terrain, ses lectures, l'abondance de ses notes documentaires, la construction logique de ses intrigues et de ses personnages. Les dossiers préparatoires de ses romans suivent un ordre quasi immuable, de la première ligne de l'«ébauche» à la dernière ligne des plans détaillés. Plusieurs plans successifs précisent l'action, l'ordre des péripéties, l'époque, les lieux, les caractères, de telle manière que rien de la rédaction finale ne soit laissé au hasard. Zola entend ainsi imposer doublement l'image d'un romancier qui calque sa démarche sur

La demeure de Médan ne se composait, à l'origine, que du pavillon central. Pour des raisons de commodité et de confort (installation d'un grand bureau au second étage de l'aile droite, d'une salle de billard au rez-de-chaussée de l'aile gauche, etc.), Zola fit

ajouter, au cours des années quatre-vingt, deux tours, et un bâtiment extérieur, dénommé pavillon Charpentier. Une des périodes les plus heureuses de la vie à Médan fut sans doute les années 1879-1880. La mère de Zola vivait encore (au centre, dédicace des auteurs des *Soirées de Médan*, publié au printemps de 1880). Les jeunes gens qui fréquentaient Médan (page de gauche, Joris Karl Huysmans et, ci-dessus, Henry Céard) étaient eux-mêmes fort talentueux. On rêvait en chœur de bousculer la tradition et de lancer une nouvelle école. Mais peu à peu, chacun s'en ira de son côté.

celle du savant : d'un côté la documentation, l'hypothèse, de l'autre, la connaissance lucide des causes et des effets, la contribution à la recherche sur le corps, les mentalités, les milieux, l'histoire. C'est un idéal conforme au positivisme du temps. On valorise la science, on désavoue la fiction.

Conteur et visionnaire : l'envers de la méthode

Et pourtant, derrière ou sous la construction imperturbablement sérieuse de la pyramide romanesque, se dissimulent la sensibilité, la passion, l'invention, la découverte, parfois l'illumination, au sens rimbaldien du terme; un génie de conteur né; et une réserve inépuisable de colère, de mépris et d'ironie. Un regard d'artiste aussi, qui apparente Zola à ses amis peintres : on songe à Manet pour les cadrages et les tons, à Renoir pour la sensualité des chairs et des attitudes, à Caillebotte pour les points de vue et les visées. Du document vécu et de la déclaration théorique au roman, la distance est grande, et il arrive que le roman en inverse ou en pervertisse le sens. C'est ce qui s'est passé avec *L'Assommoir* : loin de s'en tenir à une idée rassurante

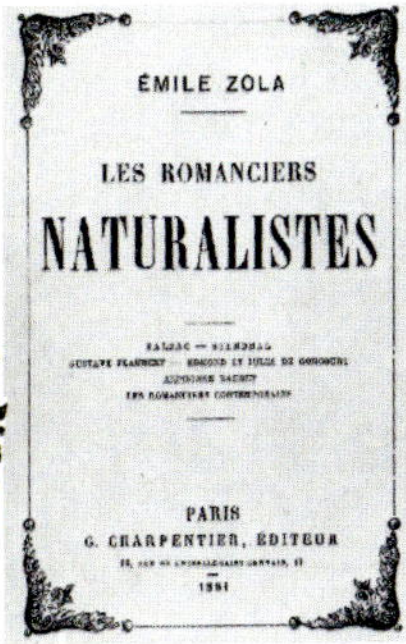
ÉMILE ZOLA

LES ROMANCIERS

NATURALISTES

PARIS

G. CHARPENTIER, ÉDITEUR

1881

du peuple qui postulerait une possibilité d'éducation, de domestication, l'œuvre impose des images perturbatrices, bouleversantes pour la bonne conscience puritaine et conservatrice, à force d'une intensité à la fois carnavalesque, burlesque et tragique : immortel roman d'ivrognes, «assommoir» verbal qui rend ivre de la langue du peuple.

Tandis que Zola se croit de bonne foi l'héritier de la pensée déterministe, le fils spirituel de Darwin, Taine, Claude Bernard et Littré, ses romans ruissellent de fantasmes, de scènes primitives, de visions puisées à la source des mythologies universelles. Thèmes de vie : la nature et l'homme en travail, le rut, la gésine, l'ingestion, la germination, la circulation inépuisable des liqueurs

vitales et séminales; thèmes de mort : l'écroulement, la dissolution, le meurtre, la bêtise, la stérilité, l'absurdité, l'agonie, l'entropie; et leurs symboles bivalents : la machine, la bête, le sang, l'or, l'alcool, la fournaise, l'alambic, la serre, la halle, la ville, l'enfant qu'on tue, la femme-refuge et la femme-goule. Ainsi Nana, la «Mouche d'or», dont Flaubert écrit en 1880 qu'«elle tourne au mythe sans cesser d'être une femme».

Jusqu'en 1881, Zola tient une chronique littéraire hebdomadaire dans *Le Bien Public*, puis dans *Le Voltaire*, et enfin au *Figaro* ; il réunira ses articles en volumes, *Le Roman expérimental*, *Les Romanciers naturalistes*, *Le Naturalisme au théâtre*, *Une campagne*, etc.

Il y a deux sortes de caricatures de Zola : celles, légères, moqueuses avec complicité et esprit, des dessinateurs qui l'admirent (Gill, Robida), et celles, lourdes, injurieuses, ordurières, de ses détracteurs. Les motifs de ces derniers sont répétés à satiété : la hotte et le crochet de chiffonnier, le pot de chambre, la plume de «sauvage» dans le derrière... La dérision vole bas, mais laisse Zola indifférent. Il en verra de bien pires au moment de «J'accuse»! Il continue sa bataille critique pour un roman et un théâtre d'observation et d'analyse. Et il se laisse fasciner par les activités modernes, comme ce personnage de Caillebotte penché sur le mouvement des trains, du haut du pont de l'Europe (ci-contre).

NANA
LA BELLE NATURALISSE
BANQUE
CAISSE
MÉNAGERIE LONDONIENNE
SOCIÉTÉ D'EMISSIONS A JET CONTINU
COLLÈGE DE FRANCE
CHAIRE
ENTREZ!
VENEZ VOIR RIGOLER!
LE BAL DE LA VÉNUS NOIRE

Fille perdue, femme fatale

Pour le critique Aurélien Scholl, *Nana* était «un roman parisien pour les provinciaux, mais un roman provincial pour les Parisiens». Zola répondit : «En somme, l'idée qui revient dans presque tous les journaux est celle-ci : je n'ai pas vécu dans le monde des filles, donc je dois en ignorer les mœurs, les histoires, la langue. [...] Il faut dire que je touche à un monde dont ces messieurs ont la prétention de connaître les mystères. Eux, les décavés, les adorés, pourraient seuls dire la vérité. [...] Mais quel lecteur n'a conscience du convenu de cette peinture qui s'en tient aux tics de l'épiderme, se contente de décrire les toilettes?» Robida dessine le charivari des théâtres où se produit Nana. Les dessinateurs de l'édition illustrée la représentent demi-nue devant son miroir ou dans les bras du comte Muffat. Les chansonniers s'en mêlent. 55 000 exemplaires du roman s'enlèvent en 1880. La critique pudibonde se déchaîne : «roman quadrupède», «égoût collecteur». Mais Nana, la cocotte, morte défigurée par la petite vérole à la veille de la débâcle, est entrée dans la légende.

AU BON
MARCHE
BONNETERIE
TOILES
VINS

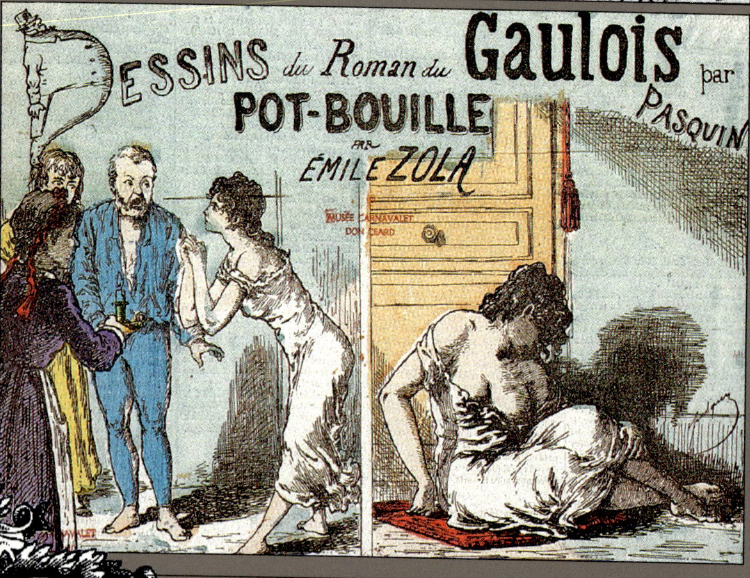
DESSINS du Roman du Gaulois par PASQUIN
POT-BOUILLE
PAR
ÉMILE ZOLA
MUSÉE CARNAVALET
DON CEARD

Sexe, mensonges et publicité

La pot-bouille, dans la langue populaire du XIXe siècle, c'est la cuisine de tous les jours. Zola en fait le titre du roman qui suit *Nana*, en 1882 : la marmite où mijotent toutes les combinaisons petites-bourgeoises, des mariages arrangés aux héritages détournés. «La bourgeoisie,» écrit Zola dans le dossier préparatoire du roman, l'acte d'accusation le plus violent qu'on puisse faire contre la société française.»

Au bonheur des dames (1883), qui a le même personnage que *Pot-Bouille* (Octave Mouret), est le roman du génie publicitaire et commercial. Zola, qui veut écrire «le poème de l'activité moderne», prend surtout pour modèle le Bon Marché, qu'Aristide Boucicaut a fondé en 1852 et agrandi en 1869. Il circule dans tous les services du magasin, du sous-sol à la caisse centrale, interroge vendeurs et vendeuses. Alexandrine compile pour lui des catalogues. L'œuvre, commentée de nos jours dans les cours de marketing, apporte une documentation précieuse aux historiens du commerce.

Paul Bourget avait écrit à Zola, après avoir lu *L'Assommoir* : «Faites-nous encore quelques pages de cette force-là et vous serez le Balzac de la fin du siècle.» Il ne croyait pas si bien dire. Le cycle des *Rougon-Macquart*, commencé en 1868, construit en un quart de siècle une nouvelle *Comédie humaine*. Au-dessus de la série entière se dresse la farouche grandeur de *Germinal*, qui teinte la chronique sociale des couleurs du fantasme, de l'épopée et du mythe.

CHAPITRE IV

LE VENT TERRIBLE DE «GERMINAL»

En 1885, année où paraît *Germinal*, voilà vingt ans que Zola creuse les galeries de son œuvre romanesque : galeries de l'univers social, des halles aux grands magasins; galeries du langage, du parler mondain à l'argot des faubourgs; galeries de l'inconscient... Luque le représente ainsi en mineur de fond.

Zola, le front dans sa main, sérieux, méditatif, gravé par Marcellin Desboutin en 1879. C'est l'année où, tout en écrivant *Nana*, il publie chaque semaine une chronique littéraire. Passé du *Bien Public* au *Voltaire*, il y lance un slogan qui irrite les uns et fait sourire les autres : «La République sera naturaliste ou ne sera pas.» Il propose une morale politique, raille la rhétorique et l'utopie romantiques, condamne la multiplicité des clans, rêve d'une république des hommes de science. Il se met à dos la droite et la gauche. *Le Voltaire*, journal gambettiste, l'écarte; un an plus tard *Le Figaro*, journal conservateur, ne le retient pas. En se retirant de la presse, il donne raison, à titre posthume, à son maître et ami Flaubert (en haut, à droite), qui n'avait guère prisé la campagne menée par Zola depuis 1876.

Adieux à la presse

Pour se consacrer entièrement à ce travail parfaitement programmé, Zola s'est éloigné de la presse, après une dernière «campagne» dans *Le Figaro*, de septembre 1880 à août 1881. Il y a exprimé ses idées sur la littérature et sur les mœurs du temps, et sa défiance à l'égard des politiciens et des partis, en attaquant Clemenceau comme Gambetta, se rendant ainsi suspect aux républicains sans pour autant, bien entendu, se rapprocher des conservateurs : il entend rester indépendant et parfaitement maître de sa plume. Il professe hautement que la rude gymnastique de l'article hebdomadaire est indispensable aux débutants, et qu'il y a pour sa part aiguisé ses idées, mais,

parvenu à la quarantaine, il est las des médiocrités de la chronique parisienne. Il a besoin d'un peu de silence.

Il lui arrive encore d'intervenir publiquement; alors sa plume fait mal aux gens en place. En 1885, il se porte aux côtés d'un jeune écrivain, Louis Desprez, que les juges ont fait emprisonner pour un roman de paillardises anticléricales, *Autour d'un clocher*, et qui en meurt. Ses arguments sont ceux des droits de l'homme : la liberté d'expression, le droit à la vérité, une justice identique pour tous. Mais ils sont servis par une force logique, un mouvement rhétorique, une frappe verbale qui le font redouter et qui grandissent peu à peu la stature symbolique du personnage.

En 1869, Zola avait été un des rares critiques à admirer sans réserve *L'Education sentimentale*. Après la guerre, des liens d'amitié se nouèrent. Zola rendait visite à Flaubert lorsque celui-ci venait à Paris, rue Murillo. Flaubert, Edmond de Goncourt et Zola, qui avaient en commun leur échec au théâtre, se retrouvaient périodiquement au dîner «des auteurs sifflés».

Le deuil et «La Joie de vivre»

La période a pourtant mal commencé : dans la tristesse, le désarroi, les marges de la dépression. Le succès fantastique de *Nana*, en 1880 – cinquante-cinq éditions enlevées d'un coup –, cache des deuils insurmontables, qui déchirent la confiance de Zola dans ses propres forces et dans la vie, et le précipitent dans l'«à quoi bon?». Flaubert, le maître et l'ami admiré, vénéré, visité, meurt subitement en mai 1880; quelques semaines auparavant, un autre confrère et ami, Duranty, défenseur comme lui de la «nouvelle peinture», ancien complice des temps du café Guerbois, a été lui aussi emporté. Et le 17 octobre de la même année, c'est sa mère, Emilie Zola, qui disparaît, à la suite d'une maladie cardiaque,

Hugo n'aimait pas *L'Assommoir*. Zola critiqua ses dernières œuvres poétiques, sans renier pour autant son admiration de jeunesse.

après une très dure agonie, subie dans la maison de Médan. Zola, selon les témoins, est comme assommé, hanté d'idées noires. Il ne pourra plus jamais, dorénavant, entreprendre quoi que ce soit un 17 octobre, jour maudit.

La Joie de vivre, qui fera écho à ces crises, paraîtra en 1884. Il lui aura fallu plus de trois ans pour en accoucher; le thème en était trop proche de son deuil intime. Lazare assiste à l'agonie de sa mère et vit les mêmes superstitions et les mêmes angoisses que Zola. Comme lui, il croit à la signification maléfique de certains chiffres, il revient plusieurs fois sur ses pas pour s'assurer d'un geste déjà fait, il allume sa lampe dans la nuit pour vérifier que sa compagne n'est pas morte, il se réveille en proie à la peur de mourir dans l'instant! Il est hanté. Le titre de l'œuvre est délibérément équivoque : ironique, mais aussi à lire au premier degré. Lazare ne voit autour de lui que désastres, maladies, morts, misère de vivre, et néanmoins ceux qui vivent se cramponnent à la vie et n'ont de cesse de créer de nouveaux vivants – sereine animalité des hommes.

Après *Pot-Bouille* (1882), qui soulève sans indulgence le toit d'un immeuble bourgeois pour scruter les turpitudes de ses habitants, et *Au bonheur des dames* (1883), qui s'étourdit de l'agitation d'un grand magasin, *La Joie de vivre* est le plus intime, le plus indirectement confidentiel des romans de Zola (avant *L'Œuvre*). Oubliant pour une fois l'égoutier, les caricaturistes (ici Robida) transforment Zola en médecin de cauchemar...

Blessures et déceptions

C'est pour Zola le moment d'une philosophie sombre, alors que, paradoxalement, il écrit pour battre en brèche l'adhésion de certains de ses amis au pessimisme fondamental de Schopenhauer, dont

Les années ont passé depuis les grands deuils, mais doutes et anxiétés réapparaissent, vifs, à peine sublimés par la mise en fiction. La morbidité des thèmes et des situations de *La Joie de vivre* trouve un antidote dans le personnage de Pauline, dont la confiance dans la vie résiste à toutes les épreuves.

on vient de traduire en France les *Pensées, maximes et fragments*. Tous ces jeunes gens, selon Zola, sont «malades de nos sciences commençantes», ils s'impatientent devant la lenteur du progrès, mais ils ne voient pas la marche continue de la raison.

En réalité, il est lui-même partagé entre sa forte conviction de positiviste et les poussées d'un tempérament hyperémotif, révélé comme tel dans les moments de blessure intime. La première de ces blessures a été la mort du père, d'où est issu précisément ce double mouvement de son être : orphelin de bonne heure, il a la sensibilité rétractile de l'enfant trouvé; fils d'étranger, et au surplus d'un étranger conquérant, il a les hardiesses provocantes du bâtard... Est-ce un hasard, après tout, s'il y a tant d'absences paternelles ou de substituts de paternité dans *Les Rougon-Macquart*?

❝Se sentir mourir un peu chaque jour dans sa chair, n'avoir d'intelligence que pour douter, de volonté que pour ne pas pouvoir, de tendresse que pour pleurer les deuils de mon cœur.❞

Emile Zola

Zola rédige, à la demande de la famille du peintre, la préface du catalogue de l'exposition posthume consacrée à Manet (portrait, en bas, à droite et *Vase* ci-dessous) en 1884.

Rien ne semble plus éloigné de Zola que la peinture de Gustave Moreau, dont Des Esseintes, le héros de *A Rebours*, célèbre la *Salomé* (ci-contre). Figures empruntées à la légende biblique, visions macabres, profusion décorative, attirance pour le merveilleux, tout y semble contraire à la franchise, à la quotidienneté naturaliste ou impressionniste. A y regarder de plus près, on pourrait découvrir dans le «personnel» romanesque de Zola beaucoup de figures proches de l'inspiration symboliste décadente : en particulier beaucoup de femmes fatales (Nana, Séverine, Clotilde) qui conduisent l'homme à l'impuissance et à la mort (et parfois qui en meurent aussi).

Ces trois années, de 1881 à 1884, sont donc comme un entracte un peu étrange dans le mouvement qui emporte la carrière de Zola. Manet, le peintre qui avait libéré la peinture française des codes académiques, et pour qui l'auteur de *Thérèse Raquin* avait tiré ses premières salves, meurt à son tour en 1883, à cinquante et un ans. Aux deuils, s'ajoutent les abandons, les éloignements, la dissolution progressive de la petite bande «naturaliste». Goncourt et Daudet jalousent le succès de Zola et dénigrent leur ami en sous-main. Huysmans prend ses distances et fait de

A Rebours, en 1884, le premier fanion de l'esthétique décadente. Paul Cézanne, l'ami d'enfance, vient encore de temps en temps à Médan, mais les deux artistes ne se comprennent plus.

Les dangers du succès

La notoriété tous les jours répétée, la quiétude bourgeoise d'un ménage sans enfants, bien tenu en main par Alexandrine, l'ennui des habitudes, les fissures dans les amitiés – comment gérer ce capital inévitablement composite des quarante-cinq ans? La maison de Médan s'agrandit, l'appartement de Boulogne se surcharge de tentures, de ferronneries et d'antiquités, Zola est un propriétaire heureux et gourmand, il prend de l'embonpoint. Au-dehors, c'est la République consolidée, le train-train parlementaire, rien d'excitant. Le risque serait grand de rester l'homme de deux ou trois chefs-d'œuvre, de laisser

Le *Journal de la vie littéraire*, d'Edmond de Goncourt, est ponctué d'aigreurs, voire de grossières insultes à l'égard de Zola – que Goncourt appelle «l'Italianasse»... Goncourt, qui avait d'abord fait figurer Zola sur la liste de la future académie, a fini par l'en éliminer. Daudet, moins explicite, n'est guère plus bienveillant. Goncourt, rapprochant *La Joie de vivre* de *Chérie*, paru la même année, accuse Zola de plagiat. Les succès de vente et la fécondité de ce dernier exaspèrent ses amis Céard, Hennique et Huysmans. Lui, sans être dupe, garde le silence et préserve quelques amitiés sûres (Alexis, Charpentier, plus tard le musicien Alfred Bruneau).

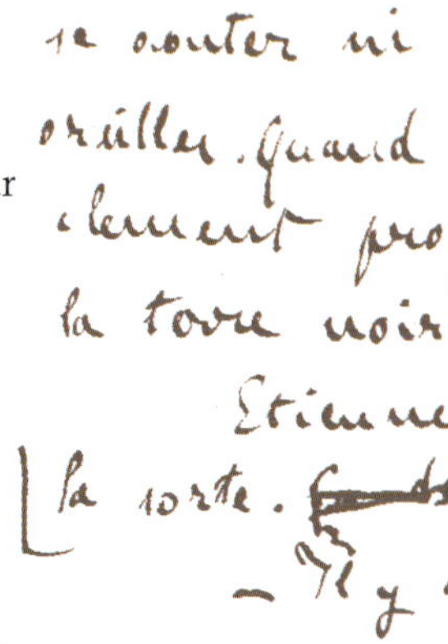

les jeunes faire le coup de poing, et d'exploiter paisiblement, comme Daudet ou Maupassant, le fonds de commerce d'un joli talent narratif.

Pourquoi ne pas continuer sur la lancée de *Pot-Bouille*, *Au bonheur des dames*, *La Joie de vivre*, qui ont trouvé leur public, sans éclat, mais sans échec? L'homme a une autre

trempe. Et son réveil, au sortir de ces années moroses, aura quelque chose de l'éclair de foudre.

Le cri des bouches noires

La littérature française de l'époque s'efforce d'oublier les rudesses de *L'Assommoir* et les cruelles ironies de *Bouvard et Pécuchet*. L'intérêt de la critique et du public va à la psychologie idéaliste, aux néo-mystiques, aux personnages d'éphèbes et de femmes-fleurs, aux mythes wagnériens, aux poèmes symbolistes.

Par-delà le témoignage sur le travail dans les mines, la naissance du mouvement ouvrier, les antagonismes de classe, *Germinal* rejoint la thématique fin de siècle de la décadence, de l'approche des nouveaux Barbares, de la marche inexorable de la civilisation moderne vers sa destruction...

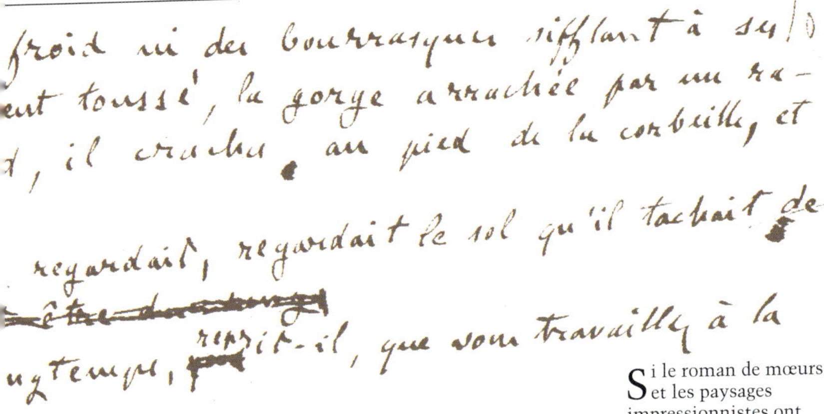
froid ni des bourrasques sifflant à se
eut toussé, la gorge arrachée par un ra-
, il cracha au pied de la corbeille, et
regardait, regardait le sol qu'il tachait de
ngtemps, reprit-il, que vous travaillez à la

Rien qui pèse ni qui pose… Les communards déportés ou exilés sont rentrés, les premiers socialistes s'agitent, Vallès raconte l'enfance et la jeunesse déclassées de Jacques Vingtras, mais tout cela s'écoute distraitement. Brunetière pontifie à l'aise dans *La Revue des deux Mondes :* le naturalisme est mort. Et voilà que surgit *Germinal*. «Et cette hache unique, qui était comme l'étendard de la bande, avait, dans le ciel clair, le profil aigu d'un couperet de guillotine»… Le livre paraît dans les premiers jours de mars 1885. Hugo mourra deux mois plus tard, sans doute sans l'avoir lu. Cette fois, il y aurait peut-être reconnu le lointain écho de ses *Misérables*. Les mineurs de Montsou bousculent le roman français avec une vigueur qui donne un nouvel élan, non seulement aux *Rougon-Macquart*, mais aussi au genre tout entier. Toutes les littératures du monde en resteront marquées, jusque dans les premières décennies du XXe siècle.

Si le roman de mœurs et les paysages impressionnistes ont conquis le public, ils commencent à lasser les esthètes et la critique. Ceux-ci ont découvert l'art néo-mystique, les contes de Villiers de l'Isle-Adam, la peinture préraphaélite anglaise, le mystère atemporel des figures féminines de Burne-Jones (ci-dessus). *Germinal* sera une réplique au raffinement épuisé de *A Rebours*.

TABLEAU
DES SIGNAUX

Ces anciennes photos de la vie dans la mine font penser à quelques-unes des pages à la fois les plus exactes et les plus pittoresques de *Germinal* : la descente des mineurs par les cages d'extraction, l'abattage du charbon «à col tordu» au fond des veines, la toilette du mineur après la journée de travail. Tous ces détails ont été consignés par Zola dans ses *Notes sur Anzin*, répertoire de choses vues, d'observations techniques et humaines établi sur place à la fin de février 1884. D'autres romans avaient pris pour sujet la condition des ouvriers mineurs : *Les Indes noires* de Jules Verne (1877), *Sans Famille* d'Hector Malot (1878), *Le Grisou*, de Maurice Talmeyr, *Scènes de l'enfer social* d'Yves Guyot (1882). Mais aucun n'avait su associer de manière aussi dramatique le travail et la misère, la violence et la révolte, le réquisitoire social et l'angoisse du futur, et, par-dessus tout cela, la terrible et préfreudienne association de la faim, de la sexualité et du meurtre… dont ne rendent pas compte ces sages photos documentaires.

De la grève au mythe

Le 19 février 1884, douze mille mineurs se sont mis en grève à Anzin. Quatre jours plus tard, Zola s'y est précipité. Pendant huit jours, il a interrogé des mineurs et leurs femmes, il a assisté à des réunions syndicales, il est descendu au fond, il a rencontré des dirigeants de la grève et des ingénieurs. Aucun autre romancier, avant lui, n'avait observé d'aussi près le travail industriel, la condition ouvrière et le combat revendicatif, sinon révolutionnaire. Le roman s'est lesté d'authenticité ethnographique, sans pour autant détruire son imaginaire initial, qui valorise à part égale la violence et la renaissance, les émeutes de la faim et «l'envolée de la société caduque dans le printemps».

Un roman de Zola, et celui-ci plus que les autres, mobilise une documentation considérable. Entre les lignes de *Germinal*, on peut discerner les traces de multiples lectures techniques, médicales, historiques,

Germinal a périodiquement inspiré les cinéastes : Capellani en 1912 (la meilleure adaptation du roman), Yves Allégret en 1963, Claude Berri en 1994 (haut de page). Mais s'ils ont en général bien rendu la réalité historique, ils ont échoué à traduire la folie hallucinatoire de l'œuvre – mieux saisie par les dessinateurs.

politiques. Zola est un des rares écrivains français de l'époque à prendre connaissance, indirectement, des thèses de Marx, jusqu'ici réservées aux cercles de la IIe Internationale. *Germinal* condense une expérience et une culture inédites. Il ne s'en déploie pas moins sur un fond fantasmatique de nuit, de violence et de sang; et il n'en est pas moins nourri de réminiscences qui le font échapper au temps de l'histoire pour le faire entrer dans l'intemporalité du mythe : Etienne Lantier, «leader» vaincu d'une grève ouvrière, mais rescapé miraculeux d'un combat avec la nature, tend la main, par-delà les siècles, à Thésée, vainqueur du Minotaure, et à Orphée, qui, lui non plus, n'a pas réussi à tirer vivante son Eurydice de l'enfer... Les plus intelligents des critiques ne s'y tromperont pas.

Un peu partout, les journaux socialistes reproduisent le roman en feuilleton, avec l'autorisation gratuite de Zola, qui leur répond : «Prenez-le, il vous appartient.»

Le puits de la mine d'Anzin pendant la grève de février 1884 (à gauche). Ci-dessous l'annonce du roman dans *Gil Blas*.

Germinal a rendu à Zola son halo inquiétant et substitué à la figure de l'analyste satirique celle du prophète annonçant les révolutions à venir. «Hâtez-vous d'êtres justes, sinon la terre s'ouvrira.» La terre, justement. La fin du siècle n'est pas plus lumineuse pour les hommes et les femmes des champs que pour ceux des mines, malgré les portraits idéalisés que proposent d'eux romanciers et peintres «rustiques», dans la tradition de George Sand et de Millet.

CHAPITRE V
PAROXYSMES

1887-1888 : *La Terre, Le Rêve*. D'un comble de violence charnelle et meurtrière au rêve d'un amour idéalisé (ci-contre, *La sieste,* de Van Gogh). Années tournant : Jeanne (à gauche), bien réelle, apparaît dans l'ombre des héroïnes de Zola. La vie rattrape l'œuvre, à moins que ce ne soit l'œuvre qui déborde sur la vie!

C'est sans doute dans la logique de son grand roman sur la mine et la condition ouvrière que Zola décide, deux ans plus tard, après l'entracte de *L'Œuvre*, d'écrire ce qu'Anatole France appellera, avec son mépris d'esthète, «les géorgiques de l'ordure», et auquel il donnera le titre à la fois le plus simple et le plus ouvert aux symboles : *La Terre*.

En 1886, Zola assiste à une des réunions tenues par Jules Guesde (à gauche), le fondateur du parti ouvrier français. C'est par l'intermédiaire de son vieil ami Paul Alexis, qui fréquente les milieux d'extrême-gauche (après avoir collaboré au *Cri du Peuple* de Jules Vallès), qu'il a rencontré le théoricien et militant socialiste.

Moissons rouges

Comme il l'a fait pour *Germinal*, Zola effectue un repérage sur les lieux de son roman : en pleine Beauce, non loin de Châteaudun. Il suffira de changer quelques noms de villages et de fermes. Du 3 au 11 mai 1886, il parcourt la campagne beauceronne en calèche. Il connaît déjà un peu, pour les avoir perçus autrefois à Bennecourt, puis dans son village de Médan, où il a même été élu conseiller municipal, la rudesse des cultivateurs, leur âpreté à étendre le patrimoine, leur goût ou leur besoin de chicane, les haines intestines qui déchirent leurs familles. Jules Guesde lui parlera de conflits insurmontables entre la petite paysannerie et les grands propriétaires. Il voit de ses yeux, sur le visage et le corps des hommes et des femmes qu'il rencontre, les signes de la fatigue et de l'usure précoces. La clarté du ciel et le silence de la plaine ne l'empêchent pas de laisser son imagination construire une vision à la fois lyrique, tragique et mythique du tête-à-tête, ou plutôt du corps à corps entre le

paysan et sa terre. Première ligne de l'ébauche du roman : «Je veux faire le poème de la terre.»

La terre devient une femme; le paysan son amant, brutal, possessif et jaloux. Tout s'érotise, du labourage aux semailles et à la moisson. Le rut, le désir et la fécondation s'irradient à travers toutes les activités des hommes et des femmes, sans frein, sans loi, hors de toute régulation civile, dans la liberté et les violences de l'instinct naturel : jusqu'au viol et au meurtre. Zola se lit à lui-même l'histoire du vieux Fouan à travers celle du roi Lear, de Shakespeare, ruiné et détruit par la cupidité de ses filles; mais il

«Toutes les fois maintenant que j'entreprends une étude, je me heurte au socialisme», écrit Zola le 27 mai 1886. Dans *La Terre*, il prêtera à l'instituteur Lequeu un écho des propos de Jules Guesde. Il s'y est largement inspiré d'articles concernant les crimes en milieu rural (gravure du centre).

pousse jusqu'au paroxysme l'horreur du parricide par l'étouffement et par le feu. La terre poursuit le cycle grandiose de ses transformations saisonnières, dans une indifférence de déesse lointaine pour les misères de l'humanité, et, comme à la dernière mesure de *Germinal*, dans l'attente des printemps futurs.

Préhistoire du cinéma? Ci-dessus, la projection d'une série de dessins de Caran d'Ache, au *Chat Noir*, en 1886. Zola (attablé et pensif au centre de l'image) y assiste, mais il tourne le dos à l'écran!

Le tollé

Achevé en août 1887, le roman soulève de nouvelles

polémiques. Cinq jeunes écrivains de l'entourage d'Edmond de Goncourt (Bonnetain, Descaves, Rosny, Margueritte et Guiches) publient dans *Le Figaro* le «Manifeste des Cinq», où ils s'affirment écœurés par les excès génésiques, scatologiques, sanguinolents de *La Terre*.

Zola reste dédaigneusement indifférent à la cabale. Il passe des vacances paisibles à Royan, auprès des Charpentier. Il se contente d'envoyer, par presse interposée, un message d'avertissement à ses «amis» Goncourt et Daudet – qui ont sans doute excité les «cinq», mais qui sont maintenant furieux et marris de leur maladresse. Le pétard a fait long feu. Et malicieusement, comme pour compenser, Zola prépare déjà un roman mystique et faussement convenable, *Le Rêve*.

Le livre, qui paraît en 1888, avec ses brodeurs de vêtements d'église, sa jeune vierge et son peintre de vitrail (Angélique et Félicien, aux prénoms de sainteté et de bonheur pur), est pour *La Terre* ce qu'*Une page d'amour* a été pour *L'Assommoir* : une apparence d'œuvre «jeanjean» (selon les mots mêmes de Zola), rassurante pour les bonnes familles et les directrices de pensionnats; les filles y sont chastes et les amoureux patients (attention, cependant : des visions et des mots obliques y disent, en termes assez déchiffrables, l'envers du convenable).

Modernité et barbarie

Il reste alors à Zola quatre romans à écrire pour clore le cycle des *Rougon-Macquart*. *La Bête humaine*,

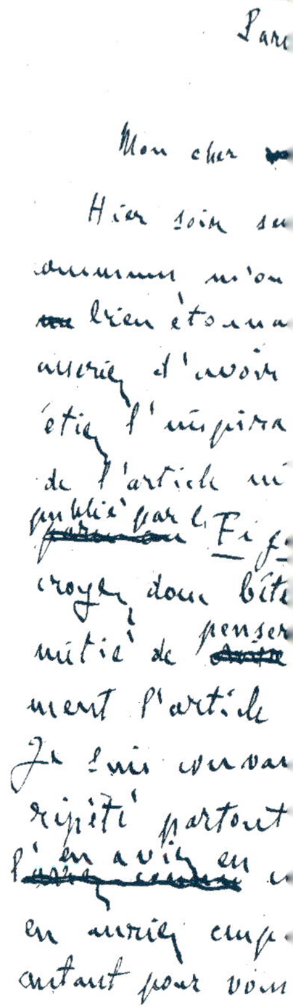
Mon cher
Hier soir
bien étonné
d'avoir
été l'inspira
de l'article
publié par le Figaro
croyez donc bête
penser
ment l'article
Je suis
répété partout
autant pour vous

Après la publication par *Le Figaro* du «Manifeste des Cinq», qui s'en prend violemment à *La Terre*, d'insistantes rumeurs assurent qu'Edmond de Goncourt pourrait en avoir été l'instigateur. Dans le brouillon, ci-dessus, d'une lettre adressée à ce dernier, Zola affirme ne rien en croire.

Les dessins de Carlos Schwabe pour une édition illustrée du *Rêve,* en 1892, font de ce roman une œuvre «modern style» : figures féminines longilignes, décoration florale, hiératisme des scènes, ambiguïtés androgynes, voilages, prévalence des courbes, etc. On est à cent lieues du naturalisme brutal. Le sexe est présent sous la chasteté , mais il ne se découvre que par le déchiffrement psychanalytique de scènes apparemment fort innocentes. Zola avait-il écrit *Le Rêve* pour soutenir sa candidature à l'Académie en montrant que sa littérature avait pris enfin le chemin de la vertu? Cela fut dit. On peut cependant en douter, lorsqu'on lit l'œuvre qui suivit immédiatement : *La Bête humaine.*

en 1890, reprend le chemin indiqué par *La Terre :* l'exploration des côtés sombres et frénétiques de l'humanité. Le roman est préparé et écrit en 1889, pendant l'Exposition universelle, sous la grande ombre de la tour Eiffel, dans une ambiance de technologie moderniste. Zola, qui se complaît à dîner au premier étage de la Tour, s'étonne, s'interroge. Où va le progrès? Que signifie le grondement des trains sous les verrières de la gare Saint-Lazare, peintes dans le même temps par Monet comme un des paysages parisiens typiques de la fin du siècle?

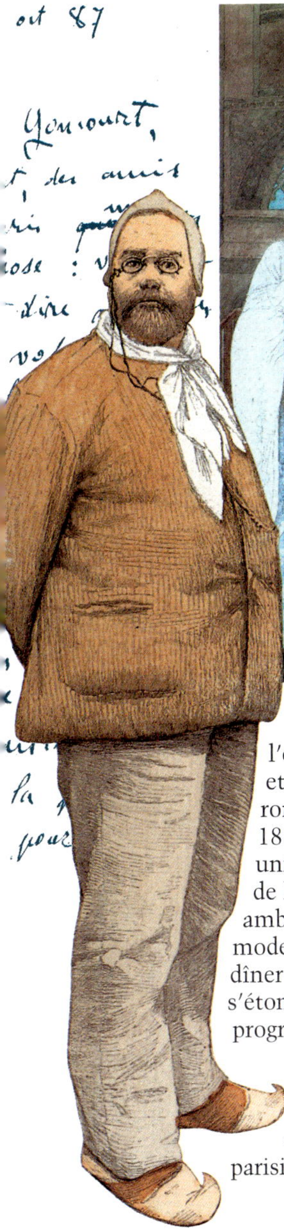

Zola en paysan de Médan, avec la grosse veste rapiécée, le foulard et les sabots. Et un robuste tour de taille. Le portrait n'est pas flatté. En deux ans, de 1888 à 1890, Zola perdra vingt kilos et rajeunira de dix ans, faisant l'hommage à Jeanne d'une nouvelle élégance.

L'action de *La Bête humaine* se passe dans la dernière année du second Empire : à la page finale, un train fou, sans mécanicien ni chauffeur, emporte à toute vitesse des soldats vers le désastre de Sedan. Mais tout le mouvement de la ligne est calqué sur les machines et les horaires de 1889, que Zola a observés entre la gare Saint-Lazare et la gare du Havre, avec une attention de cheminot. Comme à son habitude, il mêle la réalité et le fantastique, le quotidien et l'exceptionnel, le pittoresque et le terrifiant. Que de crimes et de catastrophes sur cette ligne! Jacques Lantier, le mécanicien, en est, selon les cas, le témoin ou l'acteur. Lui-même oscille entre la raison et la démence. Il soigne et caresse sa locomotive comme une femme, de la même façon que Fouan ou Buteau aimaient leur terre. Mais lorsqu'il aime une femme, son désir se transforme en instinct de meurtre.

C'est qu'une «fêlure» lézarde l'humanité, depuis les origines. Lantier conduit les trains qui unissent l'Europe à l'Amérique, l'Ancien Monde au Nouveau – Zola n'a pas choisi par hasard la ligne Paris-Le Havre –, mais on s'égorge

Zola avait collationné une série de coupures de presse relatant catastrophes ferroviaires et crimes en chemin de fer : les accidents de Charenton (septembre 1881), de Cabbé-Roquebrune (mars 1886), Groenendal (février 1889), le meurtre du préfet de l'Eure dans le train de Cherbourg à Paris (janvier 1886), etc. A plusieurs reprises, il était allé à la gare Saint-Lazare, à toutes les heures du jour, pour y observer le départ des trains, les allées et venues des locomotives, le travail des cheminots et l'agitation des voyageurs. Passager régulier des trains de Mantes et de Rouen, il descendait à la gare de Villennes, d'où il gagnait Médan, à deux kilomètres de là, en voiture à cheval.

dans les wagons, ou dans les demeures qui bordent la voie, comme dans les cavernes préhistoriques.

Un espace et un temps inédits

En cette année 1889, cependant, Zola s'est livré à quelques expériences qui l'ont enchanté et effaré. Jamais il n'avait vu Paris d'aussi haut que lors de sa première montée à la Tour. De cette vision-là, il ne tirera pas parti : car, au fond, c'était déjà fait – quoique de moins haut –, dans les cinq vues de Paris, saisies des hauteurs de Passy, qui rythment *Une page*

La Bête humaine a été porté au cinéma en 1938 par Jean Renoir, avec Jean Gabin (Lantier), Carette (Pecqueux), Simone Simon (Séverine) et Fernand Ledoux (Roubaud). L'ouverture du film est éblouissante : à bord de la machine, le spectateur est comme aspiré par le rail, les bielles, la fumée, le vacarme et la vitesse. Pour le reste, Renoir a surtout retenu les épisodes mélodramatiques. Une des meilleures scènes, le bal des cheminots, ne figure pas dans le roman : elle est tout entière de la main du scénariste.

d'amour. Il en va différemment dans *La Bête humaine*, où passent les trépidations, le souffle, les secousses et le vacarme qui entourent le mécanicien d'une locomotive à vapeur : de même qu'en 1884, Zola avait été le premier, sinon le seul écrivain français à ramper dans l'obscurité d'une galerie de mine par six cents mètres de fond, de même il a été sans doute le premier, le 18 avril 1889, à accompagner, sur la plate-forme de la machine, l'équipe de pilotage d'une locomotive. Le trajet a été court, Paris-Mantes, mais il lui a ouvert un monde de sensations nouvelles, la

découverte d'un autre espace-temps. Amusé, toujours indifférent aux critiques, Zola va son chemin et ajoute avec *La Bête humaine* une nouvelle dimension – l'impressionnisme de la vitesse – au temps romanesque.

Il faut qu'une porte soit ouverte ou fermée...

En septembre 1889, les Zola se sont installés dans ce qui sera leur dernier domicile : un véritable petit hôtel

« Mon impression sur la locomotive. D'abord une grande trépidation, de la fatigue dans les jambes et un ahurissement, à la longue, produit par les secousses. La tête semble se vider. [...] L'impression des longues lignes droites. Les courbes qui cachent la voie, puis une partie droite, allant à l'infini, se perdant; et là-bas, un train arrivant, très petit, grandissant. [...] Il passe dans un tonnerre, dans un coup de vent très fort. »

Emile Zola (ci-dessus sur la locomotive qui l'emmène vers Mantes)

Rue de Bruxelles : ci-dessus la salle à manger de Zola; en page suivante, son bureau.

particulier, dans une rue paisible du quartier de la place de Clichy, auquel ils sont fidèles depuis l'immédiat avant-guerre : au 21 bis, rue de Bruxelles.

En vingt-cinq ans, Zola est devenu la personnalité littéraire la plus célèbre, en même temps que la plus contestée de Paris. Ses confrères l'admirent ou le discutent, mais la plupart approuvent la fermeté de sa défense des libertés intellectuelles et sa conception du métier littéraire : à la fois aristocratique – rien n'existe au-dessus du talent d'un grand écrivain, pas même les grandeurs d'Etat –, et démocratique – l'écrivain parle pour tous.

Après le temps des batailles, celui des charges et des honneurs est-il venu? Ce sont les tentations de la cinquantaine… Le 2 décembre 1889, Zola pose pour la première fois sa candidature à l'Académie française. Goncourt et Daudet s'étonnent, se gaussent, crient à la trahison. Pourquoi ce désir subit de reconnaissance institutionnelle? «S'il y a une académie en France, je dois en être», réplique Zola, avec toute la force de son orgueil de créateur. C'est compter sans la résistance têtue des institutions. Il s'obstinera, se présentera dix, quinze fois, parfois avec l'appui d'écrivains qui ont pour lui de l'admiration et de l'amitié, sans pour autant partager ses choix, comme Dumas fils ou Paul Bourget : toujours il échouera.

Nommé chevalier de la Légion d'honneur le 13 juillet 1888, Zola songe dès lors à poser sa candidature à l'Académie française. Le 1er mai 1890, les Immortels votent : une voix au premier tour, quatre au cinquième. Il multipliera en vain les candidatures, sans se décourager, pour la simple conscience de l'importance de son œuvre. On lui préférera Pierre Loti, Challemel-Lacour, Brunetière, Lavisse, etc. Journalistes et critiques raillent son entêtement. «Tant que je me présente, je ne suis pas battu» affirme Zola. Il se présentera pour la dernière fois le 23 août 1897. Puis l'affaire Dreyfus le détournera de ce combat inutile.

Prix de consolation : en 1891, il est élu président de la Société des gens de lettres, où l'on compte plus de feuilletonistes que de romanciers ou de poètes de premier rang. N'importe : il prendra son rôle au sérieux, et travaillera là efficacement à la défense des droits des écrivains.

Vers la clôture

Les trois dernières œuvres de la série des *Rougon-Macquart* se suivent à un rythme accéléré : 1891, *L'Argent*, roman de la Bourse et des grandes affaires ; 1892, *La Débâcle*, roman de Sedan et de la Commune ; 1893, *Le Docteur Pascal*, archive de la «terrible famille».

Zola semble pressé d'échapper aux contraintes d'un modèle qui a perdu ses pouvoirs de renouvellement, pour se donner la liberté d'explorer explicitement la société contemporaine. Les aspects et les problèmes de la fin du siècle ne sont plus ceux du second Empire. Les années passant, *Les Rougon-Macquart* s'enfoncent dans les lointains du roman historique ; il est grand temps de crever le mur du présent. Significativement, en août et septembre 1892, Emile et Alexandrine Zola voyagent à Lourdes, en Provence et en Italie. Le *Gil Blas* publiera même une caricature de Zola en pèlerin de Lourdes. C'est un premier contact avec l'univers des *Trois Villes*, un an avant le point final des *Rougon-Macquart*.

Et pourtant, les deux derniers romans du cycle n'ont rien à envier à la puissance des œuvres antérieures. En avril 1891, Zola a refait, de Châlons-sur-Marne à Sedan, le chemin qu'avait suivi en août 1870 l'armée de Châlons, avant d'être écrasée à Sedan le 2 septembre. Il a parcouru les sites des combats, consulté les photos du siège et de la reddition,

Curieuse coïncidence : c'est l'année même où Zola, en qualité de président de la Société des gens de lettres, commence à négocier avec Auguste Rodin la sculpture d'une statue de Balzac (ci-dessus), qu'il revient à une inspiration plus proprement balzacienne, en publiant *L'Argent* : il y fait réapparaître Aristide Saccard (le spéculateur de *La Curée*) ; celui-ci a abandonné les grands travaux de Paris pour gruger les petits actionnaires d'une compagnie bancaire montée de toutes pièces, en leur faisant miroiter les profits d'entreprises proche-orientales.

retrouvé des témoins qui l'ont guidé à travers Bazeilles et Iges, lieux des dernières heures : la désolation de la défaite était encore inscrite dans les mémoires.

Le roman de la défaite

La Débâcle naît de ce reportage, autant que des livres de souvenirs et d'analyses stratégiques publiés par les généraux battus. Zola y tend la main aux deux grands romanciers de l'autre défaite du siècle, Waterloo. Il tire leçon à la fois de *La Chartreuse de Parme* et des *Misérables* : comme Stendhal, il saisit la bataille, ses horreurs et ses paniques, du point de vue du combattant du rang ; comme Hugo, il élève le regard et le récit jusqu'à la hauteur des décisions d'état-major et des manœuvres d'ensemble.

Les coups de la polémique, cette fois, arrivent d'un horizon

La Débâcle doit beaucoup aux livres de souvenirs des généraux de 1870, aux lettres d'anciens combattants, et aux récits des Sedanais qui avaient vécu les journées des 31 août, 1er et 2 septembre 1870. Ci-dessous, le célèbre épisode de la dernière cartouche

dans la maison de Bazeilles.

inattendu : un officier bavarois, ancien combattant de Sedan, le capitaine Tanera, accuse Zola, dans *Le Figaro* du 19 septembre 1892, d'avoir outragé l'armée française par le récit de ses faiblesses et de ses humiliations. La presse française de droite renchérit. La France vit alors les séquelles du boulangisme ; le suicide du «brave général» Boulanger n'a pas fait retomber l'exaltation nationaliste ; *La Débâcle* fait sur les chants militaires l'effet d'une douche froide. Les accusations de défaitisme fusent.

Dans *Le Figaro* du 10 octobre, Zola répond à la fois au capitaine Tanera et à ses détracteurs français, utilisant, d'ailleurs, une argumentation qui pourrait lui faire perdre la sympathie des pacifistes : ce n'est pas à la guerre qu'il en a, ni à l'armée, mais à ceux qui n'ont su ni préparer leur armée ni faire la guerre ; *La Débâcle* est un avertissement, en vue des revanches futures.

ACHETEZ TOUS LES MATINS

LE RADICAL

QUI PUBLIE

LA DÉBÂCLE

GRAND ROMAN

PAR

ÉMILE ZOLA

LE NUMÉRO : 5 CENTIMES

La Débâcle ne se limite pas à Sedan. La troisième partie est consacrée à la tragédie de la Commune : deux anciens camarades de l'armée de Châlons, qui ont vécu ensemble la guerre et la défaite, le paysan Jean Macquart et le citadin Maurice Levasseur, se retrouvent en mai 1871, le premier dans l'armée régulière et le second chez les communards, figurant le déchirement fratricide du pays. Dans les fureurs de la semaine sanglante, l'homme de la terre tuera l'homme de la ville.

La publication, en 1890, de *L'Avenir de la science*, écrit par Renan (ci-contre) en 1848, n'est pas fortuite. C'est le geste d'un homme d'étude et de recherche (dans le domaine de la philologie et de l'histoire) face à la mise en question du raisonnement scientifique, face aussi aux discours de la croyance et à l'exaltation du mystère.

Zola, dans *Le Docteur Pascal*, rejoint Renan. Il exprime, par la voix du principal personnage, sa confiance dans la recherche raisonnée du savoir, dans les vertus du document, de l'observation et de l'expérience. Mais l'œuvre dit bien autre chose : le retour au point de départ géographique du cycle (Plassans, la Provence, à gauche), les ivresses de l'amour sensuel retrouvé, la nostalgie de la jeunesse perdue et, tout simplement, le plaisir très moderne d'écrire un roman sur le roman.

«Le Docteur Pascal Zola»

Si *La Débâcle* clôt l'histoire d'un régime, *Le Docteur Pascal*, lui, referme le dossier d'une famille. Mais il ne faut pas y voir seulement le dernier tableau de la grande geste des *Rougon-Macquart* : c'est aussi une confession intime, déguisée ; une œuvre tout à fait exceptionnelle dans le cycle (encore qu'elle fasse couple avec *La Joie de vivre*), parce que les racines intimes y prennent le relais du propos idéologique.

Celui-ci n'est pas négligeable : au moment où se déchaîne l'offensive spiritualiste contre le positivisme

et l'esprit scientifique, où Brunetière, de Vogüé, Bourget, Huysmans, Barrès, Bloy font le procès du rationalisme, affirment que la science a perdu son prestige et la religion reconquis le sien, *Le Docteur Pascal* résume et ennoblit les traits d'un type d'homme, le médecin, auquel Zola porte une grande déférence, à la fois pour la nature de son savoir, pour l'importance de sa mission humaine et pour les découvertes futures de la science médicale. Pascal Rougon a pour modèle Claude Bernard, héros de la méthode expérimentale, de la documentation et de l'hypothèse. C'est le conflit de la science et de la foi, ou plus exactement de la sérénité scientifique et de l'inquiétude de l'inconnu, qui donne au roman toute sa portée, et l'oppose au *Disciple*, à *Là-bas* ou au *Désespéré*, de Bourget, de Huysmans et de Bloy.

Originaire d'un petit village de l'Auxois, Jeanne Rozerot a vécu dans le silence et la dignité, élevant ses deux enfants dans des conditions difficiles.

Or, il a ceci d'étrange que sa démonstration des vertus de la recherche et de l'optimisme s'accompagne d'une hantise constante de la solitude et de la mort. Il est clair que Zola se projette doublement dans Pascal Rougon : par ses convictions philosophiques et par son histoire secrète.

Il faut bien dire que sa vie privée, depuis quelques années, est elle aussi devenue un roman : un roman rose et gris.

«A ma bien-aimée Jeanne»

Il y a deux dédicaces du *Docteur Pascal*. L'une, publique, imprimée sur la page de garde de tous les volumes, affiche la piété filiale et conjugale, et la logique d'une pensée : «A la mémoire de ma mère et à ma chère femme je dédie ce roman qui est le résumé et la conclusion de toute mon œuvre.» L'autre, manuscrite, privée, inscrite sur l'exemplaire du *Docteur Pascal* que Zola offre le 20 juin 1893 à Jeanne Rozerot, sa maîtresse depuis près de cinq ans et la mère de ses

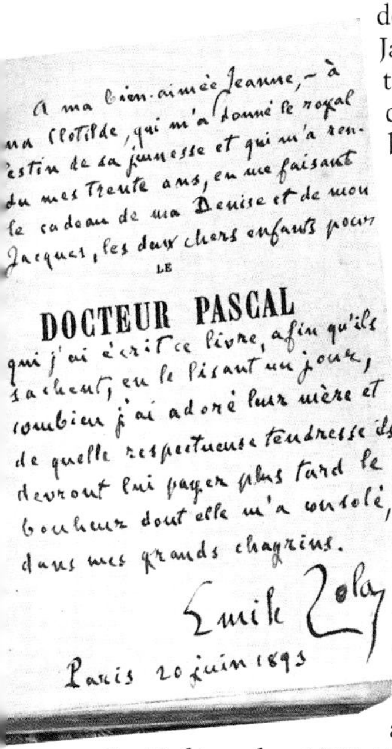
A ma bien-aimée Jeanne, – à
ma Clotilde, qui m'a donné le royal
estin de sa jeunesse et qui m'a ren-
du mes trente ans, en me faisant
le cadeau de ma Denise et de mon
Jacques, les deux chers enfants pour

LE

DOCTEUR PASCAL

qui j'ai écrit ce livre, afin qu'ils
sachent, en le lisant un jour,
combien j'ai adoré leur mère et
de quelle respectueuse tendresse ils
devront lui payer plus tard le
bonheur dont elle m'a consolé,
dans mes grands chagrins.

Emile Zola

Paris 20 juin 1893

deux enfants, Denise et Jacques, révèle dans le tête-à-tête amoureux la clé centrale du roman : «A ma bien-aimée Jeanne [...]».

Jeanne Rozerot était entrée chez les Zola en mai 1888 à vingt et un ans, comme lingère. Les photos de cette époque la montrent très jolie : le visage rond et fin, les cheveux noirs, de grands yeux clairs, la taille mince, le regard un peu étonné. Le portrait de Clotilde, dans les premières pages du *Docteur Pascal*, est dessiné à cette image, à un détail près : Clotilde a les cheveux blonds.

Le 11 décembre 1898, Zola enverra à Jeanne, d'Angleterre, cette carte : «A ma bien-aimée Jeanne, mille bons baisers du fond de mon exil, en souvenir du onze décembre 1888, et en remerciement de nos dix années d'heureux ménage...» On connaît ainsi la date où Jeanne s'était donnée à Zola.

Denise, l'aînée, est née en 1889. Elle a épousé en 1908 Maurice Le Blond, qui avait correspondu avec Zola avant 1902, et tenté de créer, dans le sillage des *Quatre Evangiles* un mouvement littéraire dénommé «naturisme». Denise et lui eurent un fils et deux filles.

Jacques, le cadet, est né en 1891. Zola, alors à Biarritz apprit sa naissance grâce à une annonce codée passée dans *Le Figaro* par son ami Henry Céard. Jacques devint médecin de la Compagnie des chemins de fer du Nord. Il est mort en 1963.

Les photos de l'année 1890 montrent aussi combien cet «amour d'automne» a transformé le physique de l'homme : minci, rajeuni, élégant, grand bourgeois... Et pourtant, l'équivoque de la situation, le remords, les rumeurs qui vont bientôt commencer à circuler dans Paris, un peu plus tard la douleur et les fureurs d'Alexandrine – avant l'apaisement –, les complications d'un double ménage, la solitude de Jeanne installée rue Saint-Lazare, la brièveté de leurs rencontres, la détresse des retours, tout cela l'a jeté dans le désarroi, dans l'insécurité intime d'un partage effroyablement difficile.

Jeunesse perdue, bonheur retrouvé

A toutes les raisons que Zola a de clore *Les Rougon-Macquart* sur un acte de foi dans la vie, s'ajoute donc sa propre métamorphose, la reconquête de sa jeunesse, le jaillissement retrouvé des joies charnelles, le bonheur de «faire de la vie». Cependant, courra entre les lignes du *Docteur Pascal* la cruelle conscience de l'âge, de l'impossible remontée dans le passé, de la distance irrémédiable entre l'homme vieillissant et la femme jeune. En même temps que Clotilde donne naissance à l'Enfant-Messie, elle apporte la mort au Père-Prophète. Comme si Clotilde était à la fois une figure du bonheur retrouvé, charnel et spirituel, et un archange de la fatalité, hantise dominante de la fin du siècle.

Dans *La Fortune des Rougon*, premier roman du cycle, tout s'était joué, à la première et à la dernière page, sur une pierre tombale : pierre de l'amour, où Silvère rencontre Miette ; pierre de la mort, où s'écoulera le sang de Silvère, assassiné pour laisser le champ libre à la fortune du clan. L'amour et la mort se conjoignent à la fin de l'œuvre ultime, à une différence près : Pascal meurt, mais Clotilde et son enfant survivent. Comme tentera de se survivre, dans un nouveau cycle romanesque, l'inspiration des *Rougon-Macquart*.

La dernière ligne du *Docteur Pascal* est écrite le 15 mai 1893. Le 21 juin, un grand banquet littéraire, au *Chalet des îles*, dans le bois de Boulogne, célèbre l'achèvement du cycle, un quart de siècle après les premières notes programmatiques. Goncourt, Daudet, Huysmans, sont absents ; Maupassant vient de mourir ; Céard a pris ses distances. Malgré la nombreuse société de gens de lettres qui l'entoure, Zola se sent un peu seul. Le 13 juillet, il est fait officier de la Légion d'honneur. En septembre, il est l'invité d'honneur du Congrès international de la presse, à Londres. Mais l'Académie française, cette année-là, lui préfère José Maria de Heredia, chantre des «trophées» et de la poésie en péplum. Ces banquets, ces décorations et ces déceptions sont-ils l'annonce de la retraite ? Zola n'a pas dit son dernier mot.

Après une crise terrible au cours de 1892, Alexandrine Zola a fini par échanger son pardon contre la certitude qu'elle ne serait pas délaissée. Zola a installé Jeanne (ci-dessous) et les enfants dans un appartement parisien, rue Taitbout, puis rue du Havre ; ils passent l'été dans une demeure de Verneuil (à gauche), à portée de longue-vue de la maison de Médan. Deux ménages, deux fidélités.

CHARLES ROUGON dit SACCARD
MAXIME ROUGON dit SACCARD
CLOTILDE ROUGON dite SACCARD
VICTOR ROUGON dit SACCARD
ANGÉLIQUE ROUGON
OCTAVE MOURET
SERGE MOURET
EUGÈNE ROUGON
PASCAL ROUGON
ARISTIDE ROUGON dit SACCARD
SIDONIE ROUGON
MARTHE ROUGON
PIERRE ROUGON

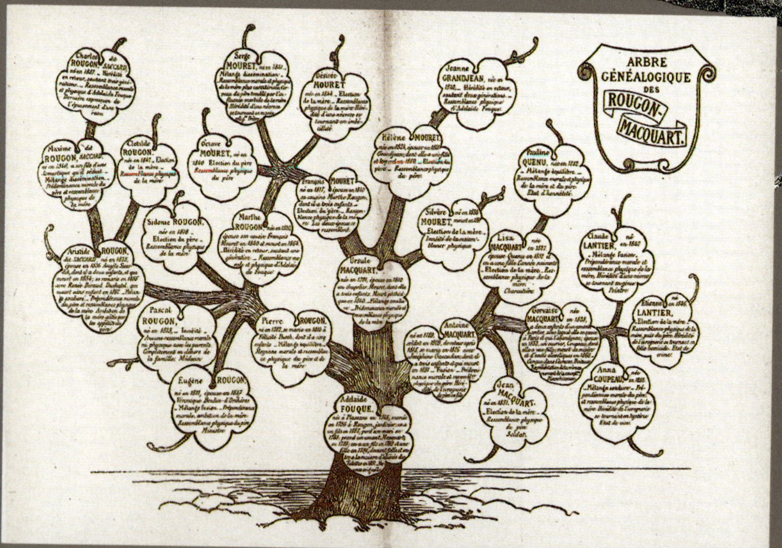
ARBRE GÉNÉALOGIQUE DES ROUGON-MACQUART.
Charles ROUGON dit SACCARD
Serge MOURET
Désirée MOURET
Jeanne GRANDJEAN
Maxime ROUGON dit SACCARD
Clotilde ROUGON
Octave MOURET
Hélène MOURET
Pauline QUENU
François MOURET
Sidonie ROUGON
Marthe ROUGON
Silvère MOURET
Lisa MACQUART
Claude LANTIER
Aristide ROUGON dit SACCARD
Ursule MACQUART
Gervaise MACQUART
Étienne LANTIER
Pascal ROUGON
Pierre ROUGON
Antoine MACQUART
Anna COUPEAU
Eugène ROUGON
Jean MACQUART
Adélaïde FOUQUE

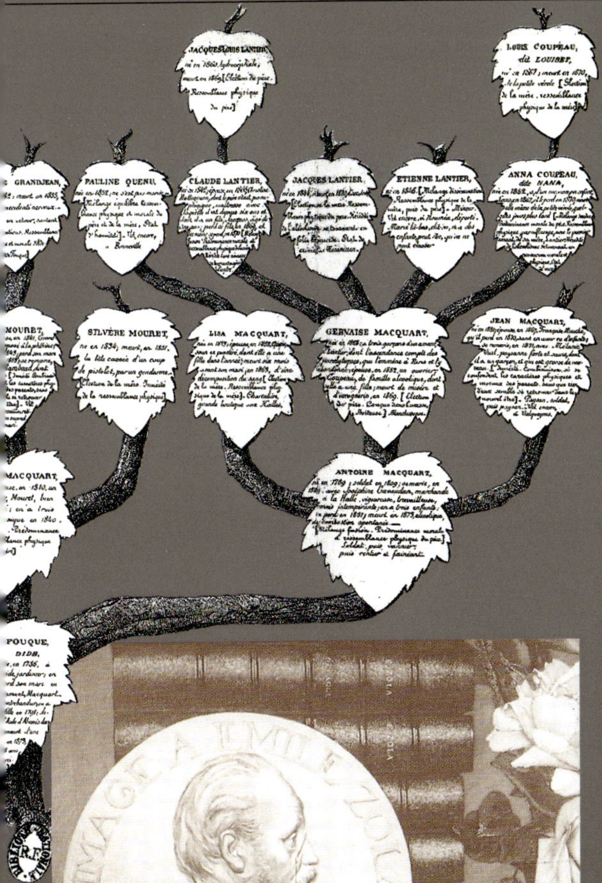

L'arbre généalogique des *Rougon-Macquart* a connu quatre états – 1869, 1870 (manuscrits), 1878 (accompagnant *Une page d'amour*, à gauche, en bas) et 1893 (en tête du *Docteur Pascal*, ci-contre) –, augmentant à chaque fois le nombre de ses branches : Gervaise Macquart, par exemple, qui n'avait que deux fils de son amant Lantier dans *L'Assommoir* et encore au moment de *Germinal*, s'en voit ajouter un, Jacques Lantier, pour les besoins de *La Bête humaine*. Tout cela ne va pas sans difficultés : comment faire tenir trois générations dans les limites du second Empire, entre 1851 et 1870 ? Dès l'origine, la famille était bifide : une branche légitime issue de Rougon, mari de l'aïeule Adélaïde, et une bâtarde, issue de Macquart, son amant. Adélaïde avait eu trois enfants : Pierre Rougon, Ursule Macquart, épouse Mouret, et Antoine Macquart. Ci-contre, un photomontage de Zola avec livres et portraits.

J.F. RAFFAËLLI
92

Monument romanesque de la seconde moitié du siècle, les *Rougon-Macquart* sont achevés, mais l'œuvre continue, tandis qu'apparaît un troisième Zola. Le premier avait été le plus vraiment «naturaliste». Le second avait réuni les archives romanesques d'un régime et d'une société révolus. Le troisième entend s'accorder aux questions de son temps, aux espaces, aux rêves et aux folies de la vie moderne – c'est-à-dire de la ville moderne.

CHAPITRE VI
LES MYSTÈRES DE LA VILLE

Zola a laissé plusieurs milliers de photographies. Ses sujets favoris furent Paris (à droite, le quartier des Batignolles), Médan, la banlieue de Londres, Rome, l'Exposition universelle de 1900, Alexandrine et leurs amis, et surtout Jeanne, ses enfants et lui-même.

Le pouls d'une fin de siècle

Avec l'approche de la fin du siècle, des interrogations et des inquiétudes surgissent : des doutes sur la médecine, un nouveau sens de l'occulte et du mystérieux, une réaction néo-mystique. Jamais Paris n'a tant compté de convertis, ni de spirites. Mais au même moment des foules s'agitent, s'inquiètent, se révoltent. C'est le temps des 1er-Mai sanglants et des

Célébrée depuis mai 1890, la Fête du Travail donne lieu parfois à de violentes manifestations (ci-dessous, «La Charge»). Le 1er mai 1891, à Fourmies, l'armée tire : neuf morts, soixante blessés.

attentats anarchistes. D'un côté, les illuminés, de l'autre, les poseurs de bombes ; parfois ils ne font qu'un, comme dans *La Ville*, du jeune Claudel ; en tout cas, ils se comprennent, comme dans le *Paris* de Zola.

Celui-ci, qu'on croirait isolé dans son hôtel de la rue de Bruxelles ou sa thébaïde de Médan, est en réalité un baromètre moral ultra-sensible. Il prend la mesure de ces flux et de ces reflux de mentalités, et il ressent profondément le besoin d'échapper à la chronique d'histoire, au retour sur le passé ; de rajeunir sa vision ; de l'adapter aux perturbations de la météorologie sociale. Ce rajeunissement répond aussi à celui de sa vie privée. Il a – par sa liaison avec Jeanne – une jeune femme, deux enfants. Il voyage, dans le Midi, en Angleterre, en Italie, ne serait-ce que pour distraire Alexandrine. Il découvre la photographie. Il prend le pouls du monde. Et le monde de 1894, 1896, 1898 ne lui paraît pas très bien portant. *Les Trois Villes* – car Zola ne peut se défendre de travailler par ensembles, par séries – en feront le bilan clinique.

En mai 1890, Zola a cinquante ans : visage lisse, pas encore prématurément vieilli par les soucis de famille et les rudesses de l'Affaire.

Initié à la photographie en 1888, Zola l'a pratiquée surtout après l'achèvement des *Rougon-Macquart*. Il développait et tirait lui-même ses clichés, sur des plaques de verre, dans son laboratoire de Médan. Tardif, son goût de la photographie n'a pas influencé son œuvre romanesque.

Les foules de Lourdes

Pourquoi commencer par Lourdes ? Zola avait découvert la ville des pèlerinages et des

miracles à l'occasion d'un voyage à Cauterets, dans les Pyrénées, en septembre 1891. Le 16 mars 1892, il déclare chez les Charpentier qu'il a «été frappé, stupéfié par le spectacle de ce monde de croyants illuminés et qu'il y aurait de belles choses à écrire sur ce renouveau de la foi». Quelques mois plus tard, entre le 20 août et le 1er septembre 1892, il accompagne à Lourdes le Pèlerinage national, avec Alexandrine. Jour après jour, il prend d'abondantes notes sur le voyage et la vie des pèlerins. Il reste sceptique sur les visions de Bernadette, et sur les miracles. A son départ, il emporte le sentiment que derrière les spectacles édifiants se cache un négoce méticuleusement organisé.

Le roman sortira à la fois d'un grand mouvement de compassion pour les souffrants et d'une

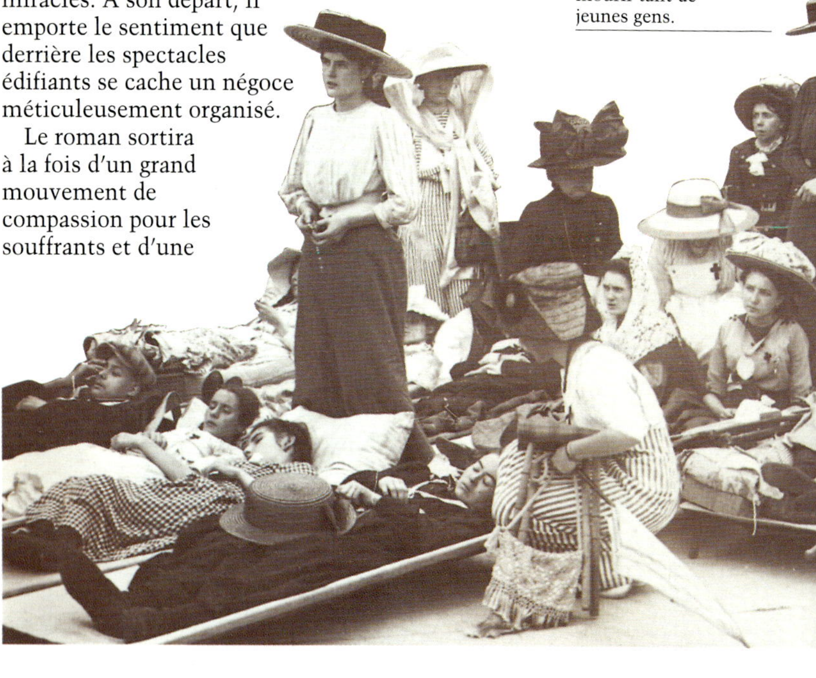

Après les foules révoltées de *Germinal*, les foules souffrantes et implorantes de Lourdes, avec l'image de petite paysanne illuminée de Bernadette Soubirous. C'est le temps des ravages de la phtisie – observés aussi par Maupassant visitant les ports de la Côte d'Azur, où viennent mourir tant de jeunes gens.

grande surprise devant ce «terrible commerce», ce mélange du sublime et du sordide, sur un fond de multitude et de chaos. *Lourdes* conserve le cadre d'un Pèlerinage national. Le personnage central, Pierre Froment, est un jeune prêtre, qui, sans l'avouer à personne, a perdu la foi. Ne lui restent que son humanité et sa pitié. On le retrouvera dans *Rome* et dans *Paris*, et il fondera la dynastie des personnages qui peuplent *Les Quatre Evangiles*.

Lorsque le roman paraît, en août 1894, les polémiques surgissent aussitôt. Léon Bloy, fidèle à son style, baptise Zola «le crétin des Pyrénées». En tout état de cause, *Lourdes* sert la publicité des pèlerinages au-delà de toute prévision. Mais la

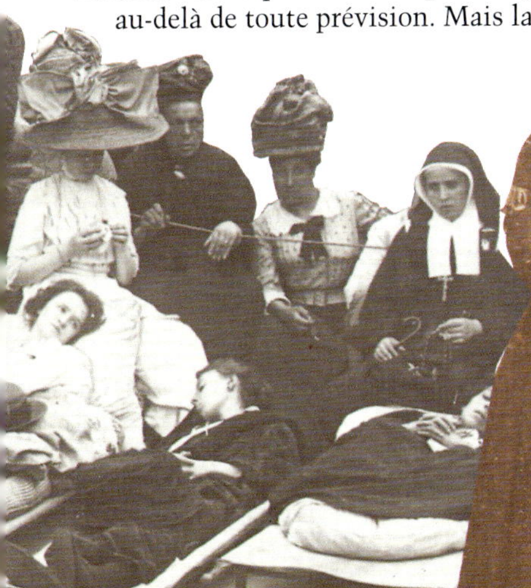

Lourdes remportera un très beau succès : 120 000 exemplaires vendus en un mois, au milieu d'une tempête d'anathèmes, suscités par les doutes de Zola sur la réalité des apparitions et des guérisons miraculeuses. «C'est un peu fort tout de même, déclare Léon Bloy, que ce bison soit admis à déposer son paquet de fiente sur une grande chose, qui nous fait, à nous, sauter les larmes des yeux!» Zola laisse pleurer Léon Bloy, et se défend calmement contre les accusations de mauvaise foi.

décision de l'Eglise est rapide : dès le 21 septembre le roman est mis à l'Index.

A la porte du Vatican

Puisque Rome se mêlait de la querelle, pourquoi ne pas aller jusqu'à Rome, non pas pour défendre son livre, mais pour exercer sur ses juges ses privilèges de romancier ?

Séjournant à Rome entre le 31 octobre et le début de décembre 1894, Zola désirera obtenir une audience

Si le chef de l'Eglise de Rome (Léon XIII, à droite) se refusa à recevoir Zola, malgré l'intervention de l'ambassadeur Lefebvre de Behaine (épisode relaté par la caricature russe ci-contre), il n'en fut pas de même pour la société civile, les écrivains et les artistes, qui fêtèrent les Zola. Ceux-ci parcourent la ville six semaines durant sous la conduite du peintre Ernest Hébert, ancien directeur de la villa Médicis. Des amitiés durables subsistèrent de cette visite. Ci-dessous, la piazza del Popolo.

Du 23 au 28 novembre 1894, les Zola séjournèrent à Venise. Puis, de Rome, ils rentrèrent en France en passant par Florence, Venise et Milan. Zola vit pour la première (et sans doute unique) fois son cousin italien, le magistrat Carlo Zola.

particulière du pape Léon XIII. Le cardinal Rampolla, secrétaire d'Etat, fera savoir officieusement que ce n'est pas possible. En fait, l'Eglise de Rome, ralliée depuis peu à la République française, n'ira tout de même pas jusqu'à ouvrir ses portes à un écrivain pour le moins agnostique et interdit de lecture aux bons catholiques. Zola prendra sa revanche auprès du roi et de la reine d'Italie.

Après les foules de Lourdes en attente du miracle, les intrigues feutrées de la Rome papale. C'est la logique d'une grande enquête sur le néo-catholicisme moderne, et sur ses espaces d'élection : *Lourdes*, pour le pathétique des souffrances et des espérances populaires ; *Rome*, pour la politique subtile du haut clergé.

Mais, écrit Zola, «je veux une Rome actuelle, avec son modernisme hurlant au milieu de son antiquité, avec son petit peuple et ses bourgeois modernes».

Le roman amènera Pierre Froment à Rome, pour défendre son livre menacé de l'Index. Le lecteur sera ainsi promené, comme le protagoniste, à travers la société ecclésiastique romaine, et visitera avec lui les trois cités superposées : la cité antique, celle du Moyen Age et la cité actuelle.

La rédaction de *Rome* s'achève en mars 1896. Comme pour *Lourdes*, la critique est divisée.
La presse anti-cléricale admire le portrait de Léon XIII et l'évocation des intrigues vaticanes. Les catholiques comparent Zola à «un Homais qui aurait lu Renan». Mallarmé lui écrit : «Le nom de Rome ne peut plus ne pas évoquer Zola.»

PARIS
Grand Roman
inédit
PAR

De Rome à Paris

Le séjour à Rome avait été triomphal, avec son cortège de réceptions, de visites et d'excursions, et de rencontres avec les hommes politiques et les grands journalistes du pays. Séduite, Alexandrine reviendra presque chaque année en Italie pendant plusieurs semaines, laissant Zola à son second ménage.

De retour à Paris, Zola se voit attaqué par une partie de la presse, qui l'accuse d'avoir flagorné l'Italie, à une époque où celle-ci est unie à l'Allemagne et à l'Autriche dans la Triple-Alliance. «A la collection d'injures que j'ai recueillies au cours de ma carrière, il n'en manquait plus qu'une, celle de sans-patrie. Je l'ai maintenant, ma collection est complète» (*Le Temps*, 17 décembre 1894). Il ne sait pas encore ce qui l'attend. Il ignore même, en raison de son voyage, qu'un certain capitaine Dreyfus vient d'être arrêté, le 1er novembre 1894, sous l'inculpation d'espionnage au profit de l'Allemagne. Mais, pour un peu, les journaux nationalistes les mettraient tous les deux, déjà, dans le même sac.

Dans *Paris*, Zola renoue avec l'inspiration de *Son Excellence Eugène Rougon* (vingt ans auparavant). Le régime a changé mais les mœurs politiques se ressemblent : débats parlementaires, crises ministérielles, exploitation des attentats terroristes par le pouvoir, achat de consciences, etc.

ÉMILE ZOLA

Décembre 1893, l'anarchiste Vaillant jette une bombe à la chambre des députés (à gauche).

Cette gravure de Steinlen (ci-dessous), publiée dans *Le Journal* en 1897 pour accompagner le feuilleton de Zola, *Paris*, renvoie à des faits divers anciens de trois à cinq ans.

«Pour les Juifs»

Rome est publié en mai 1896. Livre touffu, baroque, parfois abracadabrant ; guide de voyage déguisé en roman. Les critiques parlent de «compilation bâclée». C'est pourtant une somme, qui prend place parmi les meilleurs témoignages de l'heure sur le grand débat ouvert entre le christianisme et la démocratie.

Zola est déjà passé à autre chose. Il est revenu à Paris, où circulent des miasmes dangereux pour la démocratie, précisément : l'antisémitisme, la corruption, le terrorisme, l'excitation revancharde, l'agitation antiparlementaire. Il va au plus pressé : dans le mois où paraît *Rome*, il donne au *Figaro* un article au titre insolite dans l'ambiance de

l'époque : «Pour les Juifs». Toujours provocant, toujours à contre-courant des discours dominants. Mais il voit plus large. A *Lourdes* et à *Rome* succédera un roman qui prendra sa substance dans l'ensemble de la politique parisienne des années les plus proches.

Le chèque, la bombe et la guillotine

Paris est à la fois le roman du scandale de Panamá, des attentats anarchistes et de la terreur d'Etat. 1892, 1893, 1894 ont été à Paris des années folles. La République n'a pas couru de réel danger, mais l'opinion s'est déboussolée. Belle matière pour un romancier des fonds, des arrière-fonds et des bas-fonds de la société. L'affaire de Panamá – des achats de votes et de consciences par une compagnie financière – a secoué la Chambre des députés, poussé des ministres

Ferdinand de Lesseps (ci-dessous, l'homme du canal de Suez), avait couvert de son nom les combinaisons politiques et financières du canal de Panamá, mais sans en tirer, semble-t-il, un profit personnel.

à la démission, conduit des parlementaires devant la justice, mis en fuite des intermédiaires, entraîné des morts suspectes. Dans un décor d'intrigues et de péripéties à la Labiche ou à la Mirbeau, la droite conservatrice tire les marrons du feu.

Le pouvoir profite aussi de l'agitation anarchiste. Ravachol a jeté une bombe dans un restaurant, Vaillant en a jeté une autre dans la salle des séances du Palais-Bourbon. C'était spectaculaire plus que meurtrier. Ravachol a été guillotiné le 10 juillet 1892, Vaillant a suivi le même chemin le 5 février 1894, place de la Roquette, en présence de la foule et des journalistes. Une semaine après sa mort, Emile Henry lance une bombe à l'hôtel Terminus : un mort. On le guillotine, lui aussi, le 21 mai 1894. Un mois plus tard, le 21 juin, le président de la République, Sadi Carnot, est assassiné par l'anarchiste italien Caserio... L'enchaînement semble ne pas devoir finir. Il s'arrête pourtant soudain, lorsque l'Etat a mis en place les «lois scélérates» de répression, qui logent dans le même sac anarchistes et socialistes.

Paris réunit les deux thèmes. Zola crée deux figures d'anarchistes et leur associe les acteurs de la tragi-comédie politique : ministres, députés, journalistes, généraux, dames de charité, actrices ; une galerie de têtes, un jeu de massacre qui donne au roman un burlesque grinçant, se détachant sur le fond de la tragédie sociale et s'opposant aux dignes figures du prêtre désillusionné (Pierre Froment), du chercheur révolté (son frère) et du prolétaire meurtrier et martyr. On retrouve dans le roman des échos de *L'Assommoir*, de *Nana*, de *La Curée*, de *L'Argent*, avec quelque chose de plus : un unanimisme intuitif, bien avant Jules Romains, et une vision aiguë des contradictions qui déchirent – et condamnent ? – la société contemporaine. Mais le roman, quand il paraîtra, au début de mars 1898, sera comme aspiré dans les remous de «J'accuse».

Les attentats à l'explosif commis entre le printemps 1892 et l'été 1894, l'assassinat du président de la République (à gauche, son meurtrier, Caserio ; ci-dessous, l'anarchiste Ravachol) conduisirent le gouvernement Dupuy,

très hostile à toute l'extrême-gauche, à «réprimer les menées anarchistes» par la mise hors la loi commune des individus et des journaux suspectés de «présenter un danger pour l'ordre public». Les socialistes redoutaient que la loi du 28 juillet 1894 ne mît directement l'autorité publique au service du patronat et de la police et ne compromît leur progrès dans l'opinion, amorcé par les élections de 1893. Avec *Paris*, la peinture des troubles sociaux et politiques prend pour motif la plus proche actualité.

Deuxième Année. — Numéro 87

Cinq Centimes

JEUDI 13 JANVIER 1898

Directeur ERNEST VAUGHAN

L'AURORE

Littéraire, Artistique, Sociale

J'Accuse...!

LETTRE AU PRÉSIDENT DE LA RÉPUBLIQUE

Par ÉMILE ZOLA

LETTRE A M. FÉLIX FAURE

Président de la République

Monsieur le Président,

Le 21 février 1898, à l'issue de son procès, Zola déclare : «Dreyfus est innocent, je le jure. J'y engage ma vie, j'y engage mon honneur.» Ce ne sont pas des mots en l'air. Il laissera dans l'Affaire sa sécurité, son bonheur, peut-être sa vie. A cinquante-huit ans, cet homme, ce pontife des lettres françaises, est resté debout, méfiant devant tous les pouvoirs, ennemi de toutes les censures et de toutes les répressions, indomptable. Une espèce d'anarchiste, au fond, depuis les origines.

CHAPITRE VII
«J'ACCUSE»

“J'ai choisi un journal, au lieu d'une brochure, pour me faire faire un procès de presse. Tout a été calculé par moi, je m'étais fait donner le texte de la loi, je savais ce que je risquais. Préméditation... Mon procès n'était qu'une occasion de dérouler toute l'affaire en pleine lumière.”

Emile Zola

La campagne antisémite de Drumont, dans *La France juive* et *La Libre Parole*, avait mis Zola en alerte. Il a répliqué, en mai 1896, dans l'article «Pour les Juifs», que c'était là «une monstruosité, une chose en dehors de tout bon sens, de toute vérité et de toute justice». Ce texte a soulevé l'espoir chez les défenseurs d'Alfred Dreyfus, encore isolés.

Empêcher l'iniquité

Zola ne connaît pas le détail du procès de 1894, qui a condamné le capitaine Dreyfus à la déportation pour espionnage au profit de l'Allemagne, à la suite d'une procédure truquée et dans un climat de haine anti-juive sans précédent. Mais il n'est pas sans soupçon lorsqu'il rencontre à la fin de 1896 Bernard Lazare, qui vient de publier sa brochure : «Une erreur judiciaire. La vérité sur l'affaire Dreyfus». Une année entière se passe, tandis que Mathieu Dreyfus commence sa campagne publique en faveur de son frère, et que circulent les premiers échos des découvertes du lieutenant-colonel Picquart sur Esterhazy.

Le 13 novembre 1897, maître Leblois, avocat de Picquart, et Scheurer-Kestner, vice-président du Sénat, achèvent de convaincre Zola, non seulement de l'innocence de Dreyfus, mais aussi de la nécessité d'agir. Il déclare à son ami le musicien Alfred Bruneau :

Le bon peuple va à ses affaires (ci-dessous, des Parisiens sur le pont du Louvre). Ses dirigeants, ses élus et ses maîtres rêvent d'une revanche sur l'Allemagne et de conquêtes coloniales. Rivalités franco-anglaises, franco-allemandes, alliance franco-russe, intrigues balkaniques... Maurice Barrès titille la fibre nationaliste et anti-parlementaire. Edouard Drumont, dans son ignoble *France juive*, pousse à ébullition un anti-sémitisme déjà endémique. Les lois anti-juives de Vichy, en 1940, lui feront écho, à un demi-siècle de distance, ajoutant l'horreur d'Etat à la paranoïa individuelle. Pour l'heure, il ne s'agit que de la liberté d'un innocent et de la voix d'un écrivain, bien solitaire au milieu du silence de ses confrères.

«J'ignore ce que je ferai, mais je ferai sûrement quelque chose. Comment ne pas essayer d'empêcher cette iniquité! » Il a l'habitude des batailles difficiles. Aucun autre écrivain n'a une pareille expérience de la polémique. S'il accepte de parler, la défense de Dreyfus peut prendre l'avantage.

Il engage le combat par une série d'articles dans *Le Figaro :* 25 novembre, un hommage à Scheurer-Kestner, assailli d'une «marée d'invectives et de menaces»; 1er décembre, «Le syndicat», dénonçant les calomnies contre la banque juive; 5 décembre, «Procès-verbal», contre «le poison de l'antisémitisme». *Le Figaro* s'effraie des

Dès le lendemain de la dégradation publique du capitaine Alfred Dreyfus (5 janvier 1895), Mathieu Dreyfus, son frère (page de gauche, en haut) a entrepris une campagne d'enquête obstinée. C'est seulement en mars 1896 que le lieutenant-colonel Picquart, nouveau chef du service de renseignements, se persuade que le commandant Esterhazy est l'auteur du bordereau attribué à Dreyfus (page suivante). Ses supérieurs feront tout pour le faire taire. Il faudra attendre encore dix-huit mois pour que Mathieu Dreyfus soit en mesure de dénoncer publiquement Esterhazy (le 16 novembre 1897). Cette dénonciation déclenche une enquête sur ce dernier et, par voie de conséquence, conduit à *J'Accuse*. Le président du Conseil, Méline, a déclaré le 4 décembre, à la Chambre des députés : «Il n'y a pas, il ne peut pas y avoir d'affaire Dreyfus.» La conjonction des énergies de trois hommes aux sensibilités et aux compétences différentes – Picquart, l'officier; Mathieu Dreyfus, l'industriel; Zola, l'écrivain – va lui apporter un éclatant démenti.

désabonnements, et Zola est prié de poursuivre sa campagne ailleurs : deux brochures, publiées chez Fasquelle, «Lettre à la jeunesse» et «Lettre à la France», adjurent les jeunes Français de se battre pour la vérité et la justice. Peine perdue.

Lettre au président de la République et appel au peuple

Le gouvernement, l'opinion restent sourds à la noble éloquence de ces interventions. Il ne suffit pas de parler juste pour impressionner les pouvoirs. Le commandant Esterhazy, véritable auteur du «bordereau» qui a fait condamner Dreyfus, est acquitté, le 11 janvier 1898, par le conseil de guerre. Le temps n'est donc plus à l'échange d'idées, mais au rapport de forces. Les dreyfusards, et Zola en tête, n'ont qu'une issue : réveiller l'opinion, enfoncer le coin du doute, et provoquer l'adversaire à la faute. C'est le sens de «J'accuse».

Le pamphlet, sous la forme d'une «Lettre au président de la République» (Félix Faure) paraît dans *L'Aurore* du 13 janvier. Trois cent mille exemplaires du journal s'enlèvent, dans le tohu-bohu des acclamations, des protestations, des interpellations parlementaires. Zola n'y est pas allé de main morte. Après avoir démonté tous les truquages du dossier et réduit à néant l'argumentation des persécuteurs de Dreyfus, il accuse de forfaiture, nommément, toute une brochette d'officiers généraux et supérieurs, dans une péroraison rythmée comme une rafale. A la rhétorique académique des valeurs morales et civiques, s'est soudainement substitué un réquisitoire sans merci, à la stratégie de défense, une stratégie d'attaque et de destruction.

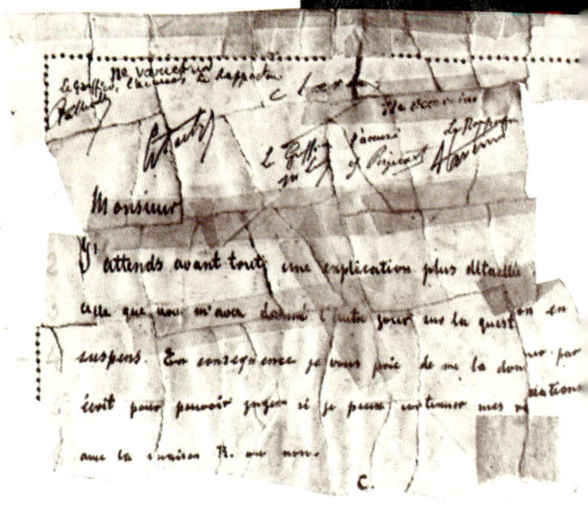

C'est une provocation inouïe, insupportable en une époque où toute la nation ronronne de respect et d'admiration pour les «grands chefs» de l'armée, futurs

Lettre à M. Félix Faure
[Président de la République]
10
Monsieur le Président,
Me permettez-vous, dans ma gra-
titude pour le bienveillant accueil que vous
m'avez fait un jour, d'avoir le souci de
tre juste gloire et de vous dire que
e étoile, si heureuse jusqu'ici, est me-
honteuse, de la plus inef-
ti sain et sauf des
ous avez conquis les cœurs.
ant dans l'apothé-
ête patriotique que
a été pour la France
ez à présider au
notre Exposition

Dès le 13 janvier 1898, Albert de Mun interpelle le gouvernement à la Chambre. Il exige réparation pour «un outrage sanglant aux chefs de l'armée». Le ministre de la Guerre promet des poursuites, suivi par le président du Conseil. Ils ne se rendent pas compte de leur imprudence. Poursuivre Zola, quelle caisse de résonance pour une affaire qu'ils voudraient à tout prix étouffer! Jaurès (ci-contre) avertit, ce jour-là : «Je vous dis que vous êtes en train de livrer la République aux généraux!»

maîtres d'œuvre de «la revanche». Le risque assumé est considérable. Scheurer-Kestner lui-même est effrayé. Fallait-il aller si loin, frapper si fort? Fallait-il se poser en factieux pour faire libérer Dreyfus?

C'est pourtant le coup de génie de «J'accuse» d'avoir affolé des hommes jusque-là assurés de leurs verrous, et joué la carte d'une espèce de guerre civile verbale : appel au peuple par-dessus les institutions, accusation publique de l'*establishment* militaire et politique, recours aux formes modernes de la communication de masse, enfermement du pouvoir dans un dilemme – ne pas poursuivre et sembler reculer devant l'outrage, ou poursuivre et prendre

Cinq Centimes

ERNEST VAUGHAN

L'AURORE

Littéraire, Artistique, Sociale

ERNEST VAUGHAN

Zola en Cour d'Assises

le risque de valoriser le pamphlet et d'offrir une tribune aux dreyfusards –, incitation du camp adverse à se découvrir, etc.

Zola en cour d'assises

Le gouvernement choisit de poursuivre : Zola est jugé, et condamné à un an de prison et trois mille francs d'amende, pour diffamation, par la cour d'assises de Paris, en février 1898.

Mais les généraux compromis sont tombés dans le piège pendant les audiences du procès, brandissant un document prétendument accablant pour Dreyfus, resté inconnu des avocats, et qui revêt tous les caractères d'un faux. «J'accuse» a détruit le huis clos de la chose jugée et le silence de la quiétude politique. L'Affaire prend un tournant décisif.

Les efforts du gouvernement pour verrouiller davantage le dossier policier le conduiront à admettre que le commandant Henry a bien fabriqué un faux en 1894 pour accabler Dreyfus : Henry se suicide. A partir de là, la révision devient inévitable. Les «ligues» s'opposent – Ligue des droits de l'homme contre Ligue des patriotes –, la France s'enflamme. «Il n'y a pas d'affaire Dreyfus», avait affirmé en 1897 le président du Conseil, Méline. Un an plus tard, l'étouffoir a vécu. Sous l'effet du coup de bélier du 13 janvier, l'Affaire, de judiciaire, est devenue politique et morale. Au terme de nouvelles péripéties, non seulement Dreyfus sera libéré, mais la République conservatrice se trouvera contrainte de céder la place à la République radicale.

Le procès Zola, devant la cour d'assises de la Seine, qui s'ouvre le 7 février 1898, dirigé par le président Delegorgue (ci-dessus), s'achèvera le 23 février. Zola est défendu par Me Labori (ci-dessous).

«La vérité en marche»

La note à payer immédiatement est lourde pour Zola : une année d'exil, à Londres, du 19 juillet 1898 au 5 juin 1899. Il rentrera après l'arrêt cassant le procès de 1894. Jamais on n'osera, jusqu'à l'amnistie générale des acteurs (innocents et faussaires), lui signifier son propre jugement. Caché dans la banlieue de Londres, Zola souffre d'être éloigné des siens, même si Jeanne et les enfants, puis Alexandrine, lui rendent visite. En revanche, comme avant lui Voltaire, Marx, Hugo, Vallès, il concentre sur lui un extraordinaire mouvement d'opinion. Les échos de «J'accuse» rejoignent ceux des *Châtiments*. Mais l'exil de Zola ridiculise le gouvernement de Paris plus encore que celui de Hugo ne l'avait fait pour le régime de Napoléon III…

Dans *Le Figaro* du 25 novembre 1897, Zola avait écrit sa phrase fameuse : «La vérité est en marche et rien ne l'arrêtera.» De fait, après «J'accuse», sinon encore toute la vérité, du moins la révision est en marche, et avec elle la réhabilitation du prisonnier de

Les officiers convoqués comme témoins jurent que Dreyfus est coupable, mais refusent de répondre sur le procès qui l'a condamné, ni sur le dossier. Le commandant Henry (ci-dessus), qui a forgé un faux – il sera démasqué en septembre suivant et se suicidera en prison –, feint la fièvre et l'épuisement. De partout surgissent les images de l'affaire et de ses personnages : cartes postales, assiettes décorées, éventails (ci-dessus), caricatures (pages suivantes), etc.

LE PILORI

ABONNEMENTS
Un an ...... 8 fr. » | Trois mois. 2 fr. 50
Six mois ... 4 fr. 50 | Le numéro : 15 cent.

ADMINISTRATION ET RÉDACTION
9, place de la Bourse. – Paris

Treizième Année — N° 623
DIMANCHE 27 MARS 1898

SON NOUVEAU LIVRE, PAR FERTOM

— Courage, Emile, nous sommes là.

LE PILORI

ABONNEMENTS
Un an ...... 8 fr. » | Trois mois. 2 fr. 50
Six mois ... 4 fr. 50 | Le numéro : 15 cent.

ADMINISTRATION ET RÉDACTION
9, place de la Bourse. – Paris

Treizième Année – N° 626
DIMANCHE 17 AVRIL 1898

LA REVANCHE, PAR CLÉRAC

– Bravo, Général, et surtout ne le lâchez pas.

Barrès a donné le ton à l'injure nationaliste : «Qu'est-ce que ce M. Zola? Je le regarde à ses racines : cet homme n'est pas un Français. [...] Emile Zola pense tout naturellement en Vénitien déraciné» (*Scènes et doctrines du nationalisme*). D'innombrables caricatures exploitent ce thème. Zola, au dernier jour de son procès, dira simplement : «Ce sont des cannibales». Et Clemenceau : «Si Zola avait été acquitté, pas un de nous ne serait sorti vivant.»

l'île du Diable. Il a fallu, pour cela, l'extraordinaire conjonction du statut moral d'un écrivain, de sa hardiesse stratégique et de son talent polémique – et d'une certaine façon poétique –, élevant une affaire judiciaire, pour la suite des temps, au rang d'un mythe national.

L'utopie, pour finir

Pour une part, l'affaire Dreyfus a été, aux yeux de cet homme de songe et de fantasmagorie, de conte et de mise en scène, comme un beau drame : mais au lieu de se contenter de l'écrire, il y est entré, en protagoniste.

C'est dans la logique de cet épisode qu'on peut comprendre *Les Quatre Evangiles*. Zola ne se contente plus de décrire ni de raconter le monde, il entend – comme d'autres avant lui – le réformer, en lui proposant un avenir de raison et d'humanité. Changement radical depuis *Les Rougon-Macquart*. De sociologue et d'historien des mœurs, il se fait prophète. De là les trois œuvres, bien difficiles à définir et à classer, par lesquelles s'achèvent sa carrière et sa vie : *Fécondité* (1899), *Travail* (1901), *Vérité* (posthume, 1903). Le quatrième des *Evangiles*, *Justice*, restera pour l'essentiel à l'état de titre : au moment où Zola meurt, il n'a réuni que quelques notes éparses, sans même avoir eu le temps d'écrire une «ébauche».

On ne lit guère *Les Quatre Evangiles :* trop massifs et trop tournés vers un avenir annoncé dont l'histoire réelle s'est largement écartée. Ce sont, à partir d'observations réelles, des œuvres de politique-fiction. L'histoire rêvée du futur. La naïveté de certaines prédictions peut décevoir. Et pourtant, ces trois romans offrent une belle moisson d'informations sur les idées, les mentalités, les types sociaux, les modèles de conduite, les aspirations et les fantasmes de la France aux alentours de 1900.

Réfugié en en Angleterre, Zola passe de résidence en résidence, sous de fausses identités, et commence à rédiger ses *Pages d'exil,* tout en photographiant les rues de Londres (ci-dessous). En page de gauche, le Crystal Palace, construit en 1851 et détruit depuis lors).

« N'avoir voulu que la vérité et la justice, n'avoir rêvé devant les autres nations que le bon renom de la France généreuse et libre, et se trouver forcé de fuir ainsi, avec une chemise de nuit pliée dans un journal! J'ai bien souffert dans ma vie, mais jamais mon cœur n'a traversé une crise plus affreuse. »

Emile Zola,
Pages d'exil

De la fécondité familiale à l'harmonie sociale

Dans *Fécondité*, Zola entend «rendre esthétique la femme féconde», faisant écho au *Docteur Pascal*, et, au-delà, à toutes les figures de maternité heureuse. Les réalistes et les naturalistes de 1860 et de 1880 écrivaient des romans célibataires; ils se sentaient mal à l'aise devant la grossesse, l'enfantement, la petite enfance; leurs femmes de fiction sont stériles, ou mères indifférentes – à moins que la maternité ne leur interdise l'exercice de l'amour et du plaisir. Le Zola de 1900, peut-être parce que la paternité a tout changé en lui, exècre le refus de la procréation, exalte la natalité, les familles nombreuses, «la patrie féconde»... Son *Evangile*, à cet égard, rejoint, sur le fond, celui de l'Eglise catholique. Sur la forme, il en va différemment : les femmes des *Quatre Evangiles* se passent de directeurs de conscience en soutane; l'autorité protectrice de l'époux leur suffit.

Le deuxième des *Evangiles*, *Travail*, imagine le «phalanstère» de l'avenir, une cité idéale, ayant vaincu le cancer de l'exploitation sociale et de la lutte des classes, et conquis la justice, «tous les bonheurs», par la triple action miraculeuse de la science, de l'électricité et du dévouement d'un Père des peuples,

Fécondité a été écrit en Angleterre, d'août 1898 à mai 1899. «Je vois *Fécondité* dans une maison avec un jardin», écrivait Zola quelques mois plus tôt – à l'image même du jardin de Verneuil où il rend visite, aux beaux jours, à Jeanne et à leurs deux enfants.

Paru d'abord en feuilleton dans *L'Aurore* à partir du 15 mai 1889, *Fécondité* exalte la maternité féconde et heureuse (à gauche, en bas, un *Jardin public* de Vuillard), et dénonce la détresse des filles-mères contraintes d'abandonner leur bébé à l'Assistance publique ou aux institutions de charité (page de gauche, en bas). Zola défend une politique nataliste.

Mais il se pose aussi en porte-parole de l'enfance malheureuse et des femmes violentées, exploitées, diminuées.

Les Quatre Evangiles se rattachent aux *Trois Villes* par le nœud familial. Mathieu, Luc, Marc et Jean, les quatre héros de ce nouveau cycle romanesque, sont les fils de Pierre Froment, qui a conduit les intrigues de *Lourdes*, *Rome* et *Paris*. Zola reprend le modèle généalogique des *Rougon-Macquart*.

VÉRITÉ

Livre premier

I

La veille, le mercredi soir, Marc Froment,
instituteur à Jonville était arrivé, com-
me il en avait l'habitude, avec sa femme
Geneviève
bois, où il pa
chez la grand
madame Du
ces dames, ai
pays. Maille
deux mille
village
métrus Jo
Beaumont,
niversitair

Ces prem
lanty. Le chi
prix, il y avai

nuit morne, vers deux heures, une pluie di-
luvienne était tombée, sans avoir rafraî-

Luc Froment, à sa communauté. *Travail* propose un modèle de société qui réconcilierait l'harmonie familiale, la fraternité sociale et le partage du savoir. L'idéologie est patriarcale et bénisseuse, mais sans monarque et sans prêtres. Et pour le présent, Zola met à nu, dans des scènes sans fard, les plaies et les tares d'un système qui fonde la jouissance des classes fortunées sur le malheur des enfants et des pauvres.

Quinze jours après le retour de Zola à Paris, le 22 juin 1899, Waldeck-Rousseau (ci-dessus) forme un ministère «de défense républicaine». La république radicale prend la suite de la république modérée.

Espérer malgré tout

Vérité commence à paraître en feuilleton le 10 septembre 1902 dans *L'Aurore*. La publication en volume (1903) sera posthume. L'œuvre s'inspire de l'affaire Dreyfus : c'est l'histoire d'un homme accusé et condamné pour un crime qu'il n'a pas commis, et de la bataille engagée entre ses accusateurs et ses défenseurs. Mais Zola écrit en 1901 et 1902, pendant la période où les docteurs du laïcisme, de Waldeck-Rousseau à Combes et à Jaurès, mènent une action opiniâtre pour détruire l'édifice des congrégations religieuses et émanciper les structures scolaires de la longue tradition catholique. La victime de l'erreur judiciaire sera, non pas un officier, mais un instituteur laïque, juif de surcroît. Le roman s'achève sur la vision d'une France libérée de l'emprise des dogmes, vivifiée par «l'instruction intégrale», et devenue la libératrice du monde...

Ce qui déconcerte dans ces derniers romans, c'est le gigantisme des proportions, l'inflation du discours et de la méditation philosophique. Mais cela est vrai, aussi, de Barrès, d'Anatole France ou de Romain Rolland : le roman fin de siècle va volontiers vers l'allégorie.

Travail décrit le monde de l'industrie métallurgique (ci-contre). Dans la cité nouvelle, la lutte des classes cédera la place à une organisation sociale pacifiée. *Vérité* est un règlement de comptes avec les congrégations catholiques, qui ont toujours vilipendé l'œuvre de Zola, et inspiré ou soutenu les officiers anti-dreyfusards.

Les «Soirées de Médan» première manière s'éloignent dans le passé. Maupassant, Goncourt et Daudet sont morts. Céard et Huysmans, anti-dreyfusards, se sont éloignés. Il ne reste des anciens que Paul Alexis, qui séjourne à Triel, mais meurt en 1901. Les nouveaux médaniens, autour de Zola et d'Alexandrine (à droite sur la photo ci-contre), sont les Charpentier et leur famille, et surtout le musicien Alfred Bruneau (ci-dessous, dans la barque), chef d'orchestre à l'Opéra-Comique et compositeur, sa femme et sa fille (ci-contre, les trois personnages de gauche). On prend la barque et on rame jusqu'à l'île, en face de la maison : là, les Zola ont fait construire un pavillon, le Paradou, plus intime encore que la propriété où travaillent plusieurs domestiques.

On a trop vite fait de dire qu'au moment où Zola écrit les *Evangiles*, son génie s'est affaibli, que le bonheur de son union secrète avec Jeanne, apaisant ses tensions intérieures, a stérilisé son énergie créatrice. Malgré l'isolement dans la retraite de Médan, malgré la déception de voir retardée la réhabilitation de Dreyfus, rien n'a faibli de sa curiosité intellectuelle, de sa hardiesse de jugement politique, de son imagination visionnaire, ni de son invention narrative.

Simplement, un mythe futuriste l'habite désormais. Romancier-patriarche dans *Fécondité*, romancier-rédempteur dans *Travail*, romancier-instituteur dans *Vérité*, Zola s'est fait évangéliste du XXe siècle, rêvant la réalité de demain à travers trois incarnations solidaires.

Un lendemain dont il ne connaîtra même pas l'aube...

Le souffle étouffé

Pendant tout le mois de septembre 1902, Zola séjourne à Médan. Par entente avec Alexandrine, qui, depuis plusieurs années, s'est résignée à la situation – aux yeux du monde, elle reste l'épouse et la maîtresse de maison – et qui a pris en affection les enfants, Denise et Jacques, Zola passe une partie des après-midi auprès de sa seconde famille, à Verneuil, à portée de jumelles de la maison de Médan. Il reste au jardin, fait des photographies, organise des promenades à bicyclette, étudie les plantes et les fossiles avec Jacques. Le 22 septembre, il emmène tout son monde sur la Seine dans sa nouvelle barque, *L'Enfant-Roi*, qui porte le nom d'un de ses drames

lyriques, écrits pour la musique d'Alfred Bruneau. En abordant sur l'une des deux îles de Médan, Denise glisse dans l'eau : son père la ramène à terre, au milieu des rires; mais la promenade est un peu gâchée. Cinq jours plus tard, le 27, Zola vient embrasser Jeanne et ses enfants; tous doivent rentrer à Paris le lendemain. Denise et Jacques, à la porte cochère, le regardent s'éloigner vers Médan, où attendent les valises et les paquets. Ils ne le reverront plus. Un bonheur se brise.

Le 28 septembre au soir, à Paris, le temps est humide. Le domestique, au 21 bis, rue de Bruxelles, a allumé un feu de boulets dans la chambre. Dans la nuit, Alexandrine et Emile Zola sont incommodés. Alexandrine reste évanouie sur le lit. Zola a voulu se lever, pour ouvrir la fenêtre : il s'affaisse à terre. L'oxyde de carbone qui stagne sur le parquet, plus lourd que l'air, fait son œuvre. Le cœur de Zola s'arrête de battre vers dix heures, ce 29 septembre 1902. Alexandrine reprend connaissance dans la journée, elle vivra jusqu'en 1925.

«Il fut un moment de la conscience humaine»

Les funérailles ont lieu le 5 octobre, au milieu du peuple de Paris. Une compagnie rend

Zola avait passé les mois de l'été 1902 à Médan. Il tirait des photos et expérimentait une nouvelle chambre noire, qui lui jouait «des tours inexplicables».

Retour fatal dans la chambre de la rue de Bruxelles (à gauche). Albert Laborde, accouru le matin du 29, écrit : «Je revois, à gauche, la grande cheminée [...]. Zola gisait non loin de là; et au fond de la pièce, derrière la haute grille en fer forgé, on voyait le grand lit à quatre colonnes avec ses deux tables de chevet. Zola s'effondra du côté des fenêtres; s'il avait cassé une vitre dans sa chute, sans doute ne serait-il pas mort.»

Un Fait-Divers naturaliste : Emile

les honneurs. Au cimetière de Montmartre, on écoute les discours. Anatole France prononce cette phrase-épitaphe restée fameuse : «Il fut un moment de la conscience humaine.» Eloignés des officiels, perdus dans la foule, Jeanne, Denise et Jacques voient passer sur les épaules des porteurs le cercueil de l'homme qui les a aimés, et dont la voix a empli la moitié du siècle. Quelques cris hostiles se font entendre, auxquels une délégation de mineurs de Denain en costume de travail répond en scandant : «Germinal! Germinal!». Dreyfus est là, lui aussi. Il sera réhabilité quatre ans plus tard.

Jeanne, jusqu'à sa propre mort, survenue en 1914, portera de temps en temps des pivoines sur la tombe. C'étaient les fleurs favorites du père de ses enfants.

L'enquête sur la mort de Zola a conclu à l'accident : la cheminée aurait été bouchée accidentellement par

Le titre ci-dessus est à prendre avec des guillemets : il parut dans *La Libre Parole*, fidèle à son indignité. Vingt mille personnes suivirent le cortège (à droite, le groupe des mineurs de Denain). Dreyfus rejoignit le convoi au cimetière Montmartre. Six ans plus tard, lors de la translation de Zola au Panthéon, il sera blessé d'un coup de feu au bras. La haine, celle qu'a peinte Henry de Groux dans son *Zola aux outrages* (ci-dessous), ne s'assoupit que d'un œil.

Zola asphyxié

des gravats, à l'occasion de travaux effectués au cours de l'été dans l'appartement situé au-dessus des Zola. Les souvenirs de l'affaire Dreyfus étaient tout frais : la police s'est dépêchée de refermer le dossier, avec l'assentiment de la famille et des amis de Zola, qui redoutaient la curiosité des journalistes, les ragots et les outrages, la reprise des polémiques.

En tout cas, la malveillance tragique, sinon l'attentat délibéré, n'est pas invraisemblable. Elle a été avouée, anonymement, beaucoup plus tard. Zola restait détesté et menacé, depuis et à cause de «J'accuse», dans un climat de rancœurs antisémites, xénophobes, chauvines, entretenues par des hommes et des journaux qui n'avaient pas désarmé, et qui influençaient des milliers de cervelles obtuses. Zola avait-il payé le tribut de sa vie à la terreur noire, comme après lui Jaurès, Jean Zay, Max Jacob, Victor Basch et d'autres? Ou mourait-il, comme le dira avec délicatesse *La Libre Parole*, d'un «fait divers naturaliste»?

Ce qu'on sait, c'est que Zola avait souvent fait, depuis sa jeunesse, le cauchemar de l'enterré vivant, mourant étouffé dans l'enfermement d'un espace sans issue : celui, sous des formes diverses, de *La Faute de l'abbé Mouret*, de *La Mort d'Olivier Bécaille*, de *Germinal*, de *La Bête humaine*, et même du *Docteur Pascal*. Voilà que la vie, au dernier moment, avait rattrapé l'œuvre, pour l'unité d'un destin.

Cinquante ans plus tard, Jean Bedel, dans *Libération*, évoquera la confession faite sur son lit de mort, après la Première Guerre mondiale, par un ancien couvreur qui aurait avoué avoir délibérément bouché la cheminée du 21 bis, rue de Bruxelles, à l'occasion de réparations sur le toit. Mais le journaliste ne donnait aucun nom, ni celui de son informateur ni celui du couvreur. Difficile, dans ces conditions, d'affirmer quoi que ce soit.

TÉMOIGNAGES ET DOCUMENTS

«Je viens de finir votre atroce et beau livre !
J'en suis encore étourdi. C'est fort ! Très fort !
Vous avez un fier talent et vous êtes un brave homme !»
Gustave Flaubert
(après avoir lu *La Fortune des Rougon*)

Francesco Zola, officier et ingénieur

Les Zola sont vénitiens depuis plusieurs générations. L'histoire de la famille est traversée par les aléas qui ont marqué l'histoire même de Venise. Si le père de Zola, Francesco, vient s'établir en France en 1830, c'est parce qu'il a déjà été, une première fois, officier des armées de Napoléon Ier.

Accolé aux *Rougon-Macquart*, un daguerréotype de Zola et de son père.

Francesco Zolla (avec deux *l*), né à Venise le 7 août 1795, était le fils de Carlo Zolla (1752-1810), officier du génie puis inspecteur général des bâtiments publics de Venise, lui-même fils d'Antonio Zolla (né vers 1727), officier vénitien qui servait dans les provinces du Levant de la République, Céphalonie et Corfou. La famille était de petite aisance; l'arbre généalogique était peuplé de militaires. La mère de Francesco, Nicoletta Bondioli – famille également vénitienne – mourra en 1832. Francesco avait deux sœurs, Benedetta, morte jeune, et Caterina, née en 1783, qui épousa à 20 ans le notaire Antonio Petropoli, et un frère, Marco, né en 1785, ingénieur au service des eaux à Padoue puis à Udine, mort en 1840. Emile Zola rencontrera en décembre 1894, à Venise, le fils de son oncle Marco, Carlo Zola, ancien magistrat âgé de 67 ans. Il dira sa fierté d'être le fils d'un Vénitien. Le nom Zolla était devenu Zola après 1810.

Francesco Zola sortit de l'École militaire de Pavie en 1812. Sous-lieutenant à 17 ans, alors que Venise était possession française depuis 1806, il resta après 1814 dans un régiment italien, passé sous l'autorité autrichienne. Il acquit le titre de docteur en mathématiques à l'Université de Padoue (1817-1818), quitta l'armée en 1820 et l'Italie en 1821. Il travailla alors en Autriche en qualité d'ingénieur, participant à la construction des premières lignes de chemin de fer. Il vint à Paris après juillet 1830, soit parce que ses projets industriels avaient échoué, soit parce qu'il s'était compromis dans l'agitation libérale.

Admis comme lieutenant dans la Légion étrangère, récemment créée, en juillet 1831, il fut envoyé en Algérie. Il donna sa démission un an plus tard, à la suite d'une affaire passionnelle qui avait mal tourné. Il installa à Marseille un cabinet d'«ingénieur-architecte-topographe». Ses projets pour l'agrandissement du port de Marseille

n'eurent pas de suite. De 1836 à 1840, il séjourna à Paris plus souvent qu'à Marseille. Il travaillait en même temps à un projet de fortifications de Paris, qui fut refusé, et à un projet d'alimentation en eau de la ville d'Aix-en-Provence, qui fut accepté. Marié et père, il vint s'établir à Aix. La construction du barrage et du canal qui portent son nom venait de commencer, lorsqu'il mourut, le 28 mars 1847. La coupure de 1830, l'émigration, sa qualité d'étranger, peut-être aussi un peu d'aventurisme financier, et sa mort prématurée, l'avaient empêché de devenir un de ces grands capitaines d'industrie qui ont traversé le XIXe siècle, et dont pourtant il avait l'étoffe.

Instantanés

Bien des contemporains de Zola se sont essayés à lui «tirer le portrait» – littérairement, s'entend : les uns dans des chroniques publiées, d'autres dans le secret de leur journal. Le personnage les intéresse et les étonne par sa puissance de travail et la régularité de ses habitudes, mais aussi par son «nervosisme» (mot de l'époque) que reflètent certaines de ses confidences.

Le géant et les pygmées, dessin de Boscovits.

Le pauvre écorché que je suis

En 1895, le docteur Toulouse, psychiatre, qui est à la recherche des aspects névrotiques du génie, examine dans tous ses détails le corps et le psychisme de Zola. Celui-ci s'y prête de bonne grâce et, apparemment, en toute sincérité; il accepte même de préfacer l'ouvrage du docteur Toulouse.

Mon cerveau est comme dans un crâne de verre, je l'ai donné à tous et je ne crains pas que tous viennent y lire. Et quant à ma guenille humaine, puisque vous croyez qu'elle peut être bonne à quelque chose, comme enseignement et comme leçon, prenez-la donc : elle est à vous, elle est à tous. Si elle a quelques tares, il me semble pourtant qu'elle est assez saine et assez forte, pour que je ne sois pas trop honteux d'elle. D'ailleurs, qu'importe! J'accepte la vérité.

Enfin, cette autorisation, je ne vous la donne pas sans quelque malin plaisir. Savez-vous que votre étude combat victorieusement l'imbécile légende. Vous ne pouvez ignorer que depuis trente ans on fait de moi un malotru, un bœuf de labour, de cuir épais, de sens grossiers accomplissant sa tâche lourdement, dans l'unique et vilain besoin du lucre. Grand Dieu! moi qui méprise l'argent, qui n'ai jamais marché dans la vie qu'à l'idéal de ma jeunesse! Ah! le pauvre écorché que je suis, frémissant et souffrant au moindre souffle d'air, ne s'asseyant chaque matin à sa tâche quotidienne que dans l'angoisse, ne parvenant à faire son œuvre que dans le continuel combat de sa volonté sur son doute! Qu'il m'a fait rire et pleurer des fois, le fameux bœuf de labour! Et si je ris aujourd'hui, c'est qu'il me semble que vous l'enterrez, ce bœuf-là, et qu'il n'en sera plus question, pour les gens de quelque bonne foi.

Donc, merci, mon cher docteur. Merci d'avoir étudié et étiqueté ma guenille. Je crois bien que j'y ai gagné. Si elle n'est point parfaite, elle est celle d'un homme qui a donné sa vie au travail et qui a mis, pour et dans le travail, toutes ses forces physiques, intellectuelles et morales.

Emile Zola, préface, in Docteur Toulouse, *Enquête médico-psychologique sur la supériorité intellectuelle*, Flammarion, 1896

Un être insaisissable

Sans être médecins, les Goncourt avaient plusieurs fois observé Zola de près. La première rencontre est presque contemporaine du portrait de Zola par Manet, exécuté en 1867 et exposé en 1868.

Nous avons eu à déjeuner notre admirateur et notre élève Zola. C'était la première fois que nous le voyions. Notre première impression fut de voir en lui un Normalien crevé, à la fois râblé et chétif, à encolure de Sarcey et à teint exsangue et cireux, un fort jeune homme avec des délicatesses et du modelage d'une fine porcelaine dans les traits de la figure, le dessin des paupières, les furieux méplats du nez, les mains. Un peu taillé en toute sa personne comme ses personnages qu'il fait de deux types contraires, ces figures où il mêle le mâle et le féminin; et au moral même, laissant échapper une ressemblance avec ses créations d'âmes aux contrastes ambigus. Le côté qui domine, le côté maladif, souffrant, ultra-nerveux, approchant de vous par moments la sensation pénétrante de la victime tendre d'une maladie de cœur. Etre insaisissable, profond, mêlé après tout; douloureux, anxieux, trouble, douteux.

Edmond et Jules de Goncourt, *Journal de la vie littéraire*, lundi 14 décembre 1868

Conversation avec Edmond de Goncourt

Jules de Goncourt est mort en juin 1870. Son frère Edmond continuera inlassablement à rédiger leur Journal de la vie littéraire. *Il y met Zola en scène avec une jalousie de plus en plus exaspérée, et un mépris de hobereau provincial pour le roturier conquérant.*

Aujourd'hui, Zola déjeune chez moi. Je le vois prendre son verre de Bordeaux à deux mains et me dire : «Voyez le tremblement que j'ai dans les doigts!» Et il me parle d'une maladie de cœur en germe, d'une menace de maladie de vessie, d'une menace d'un rhumatisme articulaire.

Jamais les hommes de lettres ne semblent être nés plus morts qu'en notre temps, et jamais, cependant, le travail n'a été plus actif, plus incessant. Malingre et névrosifié comme il l'est, Zola travaille tous les jours de neuf heures à midi et demi et de trois heures à huit heures. C'est ce qu'il faut dans ce moment, avec du talent et presque un nom, pour gagner sa vie : «Il le faut, répète-t-il, et

Jules (à gauche) et Edmond (à droite), les frères Goncourt sont deux spécialistes de l'anecdote médisante et de la pointe ultra-sèche

ne croyez pas que j'aie de la volonté, je suis, de ma nature, l'être le plus faible et le moins capable d'entraînement. La volonté est remplacée chez moi par l'idée fixe, — l'idée fixe qui me rendrait malade, si je n'obéissais pas à son obsession...»

Tout en taillant une pièce dans *Thérèse Raquin*, il est, dans le moment, en train de chercher un roman sur les Halles, tenté de peindre le plantureux de ce monde.

Une partie de la journée, je cause avec cet aimable malade, dont la conversation se promène, d'une manière presque enfantine, de l'espérance à la désespérance. Le journalisme, dit-il, au fond, lui a rendu un service. Il lui a fait facile le travail, qu'il avait autrefois très difficile... C'était une espèce d'afflux d'idées et de formules qui s'engorgeaient à tel point qu'il était quelquefois, au milieu de son travail, obligé de lâcher la plume. Aujourd'hui, c'est un flux réglé, un courant moins abondant, mais coulant sans encombre.

Edmond de Goncourt,
Journal, 3 juin 1872

Zola est en veine d'expansion. Ce gros garçon, plein de naïveté enfantine, d'exigences de putain gâtée, d'envie légèrement socialiste, continue à nous parler de son travail, de la ponte quotidienne des cent lignes, qu'il s'arrache tous les jours; de son cénobitisme, de sa vie d'intérieur, qui n'a de distraction, le soir, que quelques parties de dominos avec sa femme ou la visite de compatriotes. Au milieu de cela, il s'échappe à nous avouer qu'au fond, sa grande satisfaction, sa grande jouissance est de sentir l'action, la domination qu'il exerce de son humble trou sur Paris de par sa prose; et il le dit avec un accent mauvais, l'accent de la revanche d'un pauvre diable qui a longtemps mariné dans la misère.

Edmond de Goncourt,
Journal, 25 janvier 1875

Profils

On comparera les portraits tracés par Maupassant et Louis Desprez avec les nombreuses photos, gravures, caricatures, qui surgissent à partir de L'Assommoir.

Zola a aujourd'hui quarante et un ans. Sa personne répond à son talent. Il est de taille moyenne, un peu gros, d'aspect bonhomme mais obstiné. Sa tête, très semblable à celle qu'on retrouve dans beaucoup de vieux tableaux italiens, sans être belle, présente un grand caractère de puissance et d'intelligence. Les cheveux courts se redressent sur un front très développé, et le nez droit s'arrête, coupé net comme par un coup de ciseau trop brusque au-dessus de la lèvre supérieure ombragée d'une moustache noire assez épaisse. Tout le bas de cette figure grasse, mais énergique, est couvert de barbe taillée près de la peau. Le regard noir, myope, pénétrant, fouille, sourit, souvent méchant, souvent ironique, tandis qu'un pli très particulier retrousse la lèvre supérieure d'une façon drôle et moqueuse.

A Paris, comme à Médan, ses habitudes sont les mêmes, et sa puissance de travail semble extraordinaire. Levé tôt, il n'interrompt sa besogne que vers une heure et demie de l'après-midi, pour déjeuner. Il se rassied à table vers trois heures jusqu'à huit, et souvent même il se remet à l'œuvre dans la soirée. De cette façon, pendant des années il a pu, tout en produisant près de deux romans par an, fournir un article quotidien au *Sémaphore de Marseille*, une chronique hebdomadaire à un grand journal parisien et une longue étude mensuelle à une importante revue russe.

Guy de Maupassant,
Emile Zola, Quentin, 1883

L'auteur de *L'Assommoir* est de taille moyenne, trapu, de courte encolure et d'épaules larges. Un front haut et droit; des yeux bienveillants; un nez d'abord très gros, aux fortes narines, qui prend une extrême finesse en s'amincissant; des lèvres épaisses, l'inférieure un peu avancée et ironique; des joues grasses; un menton carré et puissant, mais trop brusquement terminé; une barbe et des cheveux bruns, coupés en brosse. Les jambes paraissent frêles comparées à l'ampleur du buste. La lourdeur générale des membres s'harmonise avec la puissance un peu lente et la patiente volonté de l'écrivain. «L'ensemble, écrit M. Alexis, rappelle assez la physionomie d'un de ces soldats romains qui conquirent le monde.»

La parole est lente et douce, un peu zézayante; le front qui se plisse à l'infini reflète la moindre accentuation.

J'ai vu M. Zola dans son cabinet de Médan, revêtu d'habits d'hiver en plein été; pantalon et veste en velours marron, un foulard blanc négligemment attaché au cou, jouant avec un lorgnon dont sa myopie se passe volontiers.

Louis Desprez,
L'Evolution naturaliste, Paris, 1884

Alexandrine

Les portraits d'Alexandrine Zola sont beaucoup plus rares, sauf dans les dernières années, où elle apparaît sur les photographies prises par Zola lui-même. Entre trente-cinq et quarante ans, elle semble avoir séduit les visiteurs, par ses yeux surtout. C'est l'époque du pastel dessiné par Manet.

Madame Zola, grande, brune, distinguée, l'œil noir, de ce noir étonnant et profond qu'ont les yeux de certaines Infantes de Vélasquez, prépare le thé. L'accueil est franc, nulle contrainte, nulle gêne, faites comme bon vous semblera, causez, buvez, riez, à bouche débridée et à cœur ouvert. Le samovar chantonne, le thé bout, tout le monde passe dans la salle à manger, et là, dans le laisser-aller des bonnes causeries, sous l'œil narquois du polichinelle de Manet, l'on entame les discussions sur les lettres et les arts.

Joris-Karl Huysmans,
L'Actualité de Bruxelles, 1877

Zola à table

Dès les débuts de son installation à Paris, Zola faisait venir de Provence des bonbonnes d'huile d'olive. Puis vint le temps des dîners en ville, chez les Charpentier, les Daudet, Edmond de Goncourt, et des réceptions rue de Boulogne ou à Médan. Il pouvait décrire en connaisseur les dîners des Saccard ou de Nana.

Zola est tout épanoui, tout heureux de la bonne nourriture et comme je lui dis :

«Zola, seriez-vous par hasard gourmand?

– Oui, me dit-il, c'est mon seul vice; et chez moi, quand il n'y a pas quelque chose de bon à dîner, je suis malheureux, tout à fait malheureux. Il n'y a que cela; les autres choses, ça n'existe pas pour moi... Vous ne savez pas quelle est ma vie?»

Et le voilà qui, avec un visage assombri, entame le chapitre de ses misères. C'est curieux, combien ce gras et bedonnant garçon est geignard et comme ses expansions versent de suite en des paroles mélancoliques!

Zola a commencé un tableau des plus noirs de sa jeunesse, des amertumes de sa vie de tous les jours, des injures qui lui sont adressées, de la suspicion où on le tient, de l'espèce de quarantaine faite autour de ses œuvres.

Edmond de Goncourt,
Journal, 25 janvier 1875

Hier, les Charpentier m'ont montré un Zola que je ne connaissais pas, un Zola gueulard, gourmand, gourmet, un Zola dépensant tout son argent à des choses de la gueule, courant les marchands de comestibles et les épiciers à la grande renommée, se nourrissant de primeurs. Ils me peignaient ce nerveux les doigts si tremblants de bonheur, quand il avait des palourdes à déjeuner à Piriac, qu'il ne pouvait tout d'abord les manger.

Et cette gueulardise est chez le romancier doublée d'une science de la cuisine qui lui fait dire aussitôt ce qui manque à un plat; ou l'absence d'un certain assaisonnement particulier ou la quantité de minutes qui ont manqué à son mijotement. D'un œuf à la coque, en examinant la chambre, il vous indique professoralement combien l'œuf a de jours, a d'heures. A ce qu'il paraît, toutes les distractions, toute la débauche de l'écrivain sensualiste résident dans de petits plats cuisinés par sa femme, cuisinés comme en province, cuisinés avec la foi et la religion d'une cuisinière et le génie du maître. Et le maître ne dédaigne pas les indications culinaires, le coup d'œil encourageant et parfois même le coup de poignet qui fait tressauter et détache le fond d'une casserole.

Edmond de Goncourt, *Journal*, 15 décembre 1876

De Zola gras à Zola maigre

En 1895, l'heure n'est plus à la gourmandise. Est-ce le souci de ne pas vieillir trop vite, dans l'intimité de Jeanne? Le docteur Toulouse prend note de son régime.

Voici quel est son régime alimentaire. Le matin à 9 heures, un croûton de pain sec sans boire. A 1 h., déjeuner léger, sans liquide ni féculent; après quoi, sortie pour ne pas dormir. A 5 h., quelques gâteaux avec du thé. A 7 h. 1/2, dîner très léger. A 10 h. du soir, 2 tasses de thé. Comme liquide, pas de vin, quelquefois un peu de champagne ou encore du vin blanc dans les courses à bicyclette, et beaucoup de thé, jusqu'à 1 litre par jour. C'est ainsi que M. Zola se maintient dans un état d'embonpoint modéré. Dès qu'il se laisse aller à manger davantage, par exemple à la campagne quand il fait de l'exercice physique – ce qui excite son appétit – il grossit rapidement. Ce n'est pas un des exemples les moins curieux de la ténacité de M. Zola, qui apporte dans sa lutte contre l'obésité le même effort patient et soutenu que dans son travail d'écrivain.

Docteur Toulouse, *op. cit.*

Superstitions et manies

Edmond de Goncourt avait déjà observé, très tôt, un Zola «névrosifié». Celui-ci fera confidence en détail au docteur Toulouse de son «arithmomanie» et de toutes ses conduites compulsives, que déjà il avait prêtées à Lazare Chanteau dans La Joie de vivre.

L'arithmomanie ou le besoin de compter est aussi une de ses idées morbides. M. Zola dit que ce besoin est chez lui une manifestation de ses instincts d'ordre. Dans tous les cas ces idées sont très proches. Il compte donc, dans la rue, les becs de gaz, les numéros des portes et surtout les numéros des fiacres dont il additionne tous les chiffres comme des unités. Chez lui, il compte les marches de l'escalier, les objets placés sur son bureau. Il faut encore qu'il touche, un certain nombre de fois avant de se coucher, les mêmes meubles ou qu'il ouvre les mêmes tiroirs. Il est aussi poussé à toucher certains objets ou à fermer une porte plusieurs fois de file. En outre, sur ce besoin de compter se sont greffées d'autres idées morbides, et notamment des superstitions. C'est ainsi que certains chiffres ont pour M. Zola une influence mauvaise. Si le numéro d'un fiacre, additionné comme il est dit plus haut, forme ce chiffre, il ne le prend pas, ou, s'il y est obligé, il craint qu'il ne lui arrive quelque malheur, par exemple de ne pas réussir dans l'affaire qu'il poursuit. Cette idée superstitieuse peut survenir à propos de n'importe laquelle de ses impulsions arithmomaniaques.

Pendant longtemps les multiples de 3 lui ont paru bons; aujourd'hui ce sont les multiples de 7 qui le rassurent. Ainsi, dans la nuit, il lui est arrivé souvent de rouvrir 7 fois les yeux pour se prouver qu'il n'allait pas mourir. Par contre, le chiffre 17, qui lui rappelle une date douloureuse, lui semble mauvais; et le hasard a voulu qu'il ait pu constater la coïncidence de certains événements malheureux avec cette date. Des idées superstitieuses analogues se manifestent aussi en dehors de toute arithmomanie. C'est ainsi qu'il accomplit certains actes avec l'idée que, s'il ne le faisait pas, il lui arriverait des ennuis : par exemple, toucher les becs de gaz qu'il rencontre dans la rue, franchir un obstacle du pied droit, marcher d'une certaine façon sur les pavés, etc. Pendant longtemps, il craignait de ne pas réussir dans la démarche qu'il allait tenter s'il ne sortait pas de chez lui du pied gauche.

Toutes ces idées morbides, dont M. Zola apprécie le côté absurde, sont, je le répète, accompagnées de phénomènes émotifs légers. M. Zola peut se dispenser de suivre son impulsion sans grandes luttes ni souffrances. Il est même curieux de remarquer combien elles troublent peu son équilibre mental. On peut dire qu'elles sont à fleur de peau; ce sont des habitudes vicieuses, mais qui n'atteignent pas profondément le fonctionnement psychique.

Docteur Toulouse, *op. cit.*

Ce dont personne ne parle

Au cours des années qui suivent la mort de sa mère (et celle de Flaubert), Zola est «hanté par l'idée de la mort». Il n'y a pas de raison de mettre en doute, sur ce point, le témoignage de Goncourt. Plus tard, un nouvel amour et la naissance de deux enfants lui rendront, semble-t-il, un relatif équilibre.

Ce soir, après dîner, au pied de ce lit qui a l'air d'un lit d'archevêque dans un drame du Boulevard, au pied de ce lit où on sert les liqueurs, Zola se met à parler, selon son habitude, de la mort. Il déclare qu'il lui est impossible, la lumière éteinte, de s'allonger entre les quatre colonnes de son lit sans penser qu'il est dans une bière. Il en est ainsi, assure-t-il, de tout le monde, mais par pudeur personne n'en parle.

Cette idée de la mort est plus fréquente encore chez lui depuis la mort de sa mère; et après un silence, il ajoute que cette mort a fait un trou dans le nihilisme de ses convictions religieuses tant il lui est affreux de penser à une séparation éternelle. Et il dit que ce hantement de la mort est, peut-être, une évolution des idées philosophiques amenée par le décès d'un être cher, il songe à l'introduire dans un roman, auquel il donnerait un titre comme *La Douleur*.

Edmond de Goncourt,
Journal, 20 février 1883

Zola dit, lui, que sa mère étant morte à Médan et que l'escalier se trouvant trop petit, il a fallu la descendre par la fenêtre et que jamais il ne rencontre des yeux cette fenêtre sans se demander qui va la descendre, de lui ou de sa femme.

«Oui, la mort, depuis ce jour, elle est toujours au fond de notre pensée et bien souvent, — nous avons une veilleuse maintenant dans notre chambre à coucher – bien souvent, la nuit, regardant ma femme, qui ne dort pas, je sens qu'elle pense comme moi à cela; et nous restons ainsi sans jamais faire allusion à quoi nous pensons, tous les deux, par pudeur, oui, par une certaine pudeur… Oh! c'est terrible, cette pensée!» Et de la terreur vient à ses yeux. «Il y a des nuits où je saute tout à coup sur mes deux pieds au bas de mon lit et je reste, une seconde, dans un état de terreur indicible.»

Edmond de Goncourt, *ibid*

Secrètes confessions

Aux biographes, Zola a livré fort peu de secrets intimes. Au détour de quelques soliloques échappés, on note que son roman d'amour avec Jeanne ne fut pas dû tout à fait au hasard, mais qu'il vint d'une crise qui mûrissait depuis des mois. D'où, pour Alexandrine, une douleur encore plus grande. En 1887, un an avant Jeanne, ce sanglot étouffé, dans l'ébauche du Rêve

Un homme de quarante ans, n'ayant pas aimé, jusque-là dans la science, et qui se prend de passion pour une enfant de seize ans. […] Moi, le travail, la littérature qui a mangé ma vie, et le bouleversement, la crise, le besoin d'être aimé, tout cela à étudier psychologiquement […] Après toutes les recherches, il n'y a que la femme. C'est l'aveu. Des sanglots, une vie manquée. La vieillesse qui arrive, plus d'amour possible, le corps qui s'en va.

Emile Zola, ébauche du *Rêve*,
manuscrit conservé à la
Bibliothèque nationale

Robida illustre ci-dessous *La Joie de vivre… ou le bonheur de se pendre.*

Une confession à Edmond de Goncourt :

Un moment, nous causons avec Zola de notre vie donnée aux lettres, donnée peut-être comme jamais elle n'a été donnée par personne, à aucune époque, et nous nous avouons que nous avons été de vrais martyrs de la littérature, et peut-être des foutues bêtes. Zola me confesse qu'en cette année où il touche presque à la cinquantaine, il est pris d'un regain de vie, d'un désir de jouissances matérielles et s'interrompant soudain : «Ma femme n'est pas là… Eh bien, je ne vois pas passer une jeune fille comme celle-ci sans me dire : Ça ne vaut-il pas mieux qu'un livre?»

Edmond de Goncourt,
Journal, janvier 1889

Dans une lettre à un critique étranger :

Je suis l'homme le plus paresseux du monde, lorsque je n'en suis pas le plus travailleur. Il est bien vrai que je traverse une crise, la crise de la cinquantaine sans doute; mais je tâcherai qu'elle tourne au profit et à l'honneur de la littérature. Pardonnez-moi donc mon long silence. Il est des semaines, des mois, où il y a tempête dans mon être, tempête de désirs et de regrets. Le mieux alors serait de dormir.

Emile Zola,
lettre à Van Santen Kolff,
Paris, 6 mars 1889

Et ce déchirement, cette peur, avoués à Alphonse Daudet :

Daudet reprend : «Et vous savez ce qui est arrivé à votre propos avec Zola? C'est que, me sentant touché de ce qu'il était pour vous, dans ma poignée de main, il était pris soudainement d'un revenez-y d'amitié et me confessait l'horreur de sa vie, m'avouant que pendant deux ans, il a eu à craindre de se voir éclaboussé du sang de ses enfants, du sang de sa maîtresse, assassinés par sa femme, à craindre de se voir lui-même défiguré par cette furie, cette furie dont les hurlements le forçaient à se calfeutrer la nuit dans sa chambre, pour qu'on ne l'entendît pas.» Et ce récit est fait par Zola dans une espèce de crise nerveuse, où les pleurs lui inondent le visage.

Edmond de Goncourt,
Journal, février 1895

L'emploi du temps

Quelques images de Zola, saisies au long des années et sur les lieux de son travail, de ses amitiés et de son ultime vie de famille : Zola et Cézanne, la jeunesse pauvre et ambitieuse, le pavillon de la rue Saint-Georges, la rue de Boulogne, Médan, l'écriture, les dîners et, pour finir, Jeanne, Denise et Jacques, entre des brassées de fleurs.

Amis de jeunesse

Une fois installé à Paris, en 1858, Zola échange avec ses amis Baille et Cézanne de longues lettres. Chacun fait confidence de son travail, de ses pensées, de ses amours, réelles ou imaginaires. Cette lettre de Cézanne révèle le désarroi qui suit le départ de Zola.

A Gardanne, arrondissement d'Aix

Depuis que tu as quitté Aix, mon cher, un sombre chagrin m'accable; je ne mens pas, ma foi. Je ne me reconnais plus moi-même, je suis lourd, stupide et lent. Dis donc, Baille m'a dit que dans une quinzaine il aurait le plaisir de faire parvenir jusqu'aux mains de ton éminentissime grandeur une feuille de papier sur laquelle il t'exprimera et son, et sa, et ses chagrins et douleurs d'être loin de toi. – Vraiment j'aimerais à te voir, et je pense que je te verrons, moi et Baille (bien entendu) aux vacances, et alors nous exécuterons, nous ferons les projets que nous avons formés, mais en attendant, je gémis sur ton absence.

Paul Cézanne, *Correspondance*,
J. Rewald, Grasset, 1937

A l'autre bout de leur histoire commune, voici la dernière lettre de Cézanne à Zola, écrite également à Gardanne. Ce n'est pas une lettre de rupture; elle n'est guère différente des précédentes dans sa brièveté. Mais ensuite, Cézanne se taira – peut-être parce que de mauvaises langues lui auront suggéré de se reconnaître dans le personnage central de L'Œuvre, *Claude Lantier.*

Gardanne, 4 avril 1886

Mon cher Emile,
Je viens de recevoir *L'Œuvre*, que tu as bien voulu m'adresser. Je remercie l'auteur des *Rougon-Macquart* de ce bon

témoignage de souvenir, et je lui demande de me permettre de lui serrer la main en songeant aux anciennes années. Tout à toi sous l'impulsion des temps écoulés.

Paul Cézanne

Du haut des toits de Paris

Les souvenirs contés plus tard à Goncourt ou à Daudet confirment les témoignages laissés par les lettres de jeunesse. Goncourt les a notés avec précision et pittoresque. Zola à vingt ans, «misérable» et sûr de sa force.

Dîner chez Zola. En prenant le café, Zola et Daudet causent des misères de leurs jeunesses. Zola évoque un temps où très souvent il avait son pantalon et son paletot au mont-de-piété; et où il vivait dans son intérieur en chemise. La maîtresse, avec laquelle il vivait alors, appelait ces jours-là «les jours où il se mettait en Arabe». Et il s'apercevait à peine de la panne dans laquelle il vivait, la cervelle prise par un immense poème en trois parties : la Genèse, l'Humanité, l'Avenir, et qui était l'histoire cyclique et épique de notre planète, avant l'apparition d'une humanité et pendant ses longs siècles d'existence, et après sa disparition. Jamais il n'avait été plus heureux que dans ce temps, tout misérable qu'il était... D'abord, reprend-il, il n'avait pas un moment douté de son succès futur, non qu'il eût une idée bien définie de ce qui lui arriverait, mais il était convaincu qu'il réussirait, ajoutant que c'était assez difficile à exprimer, ce sentiment de confiance que, par pudeur vis-à-vis de nous, il définit ainsi : «que s'il n'avait pas foi dans son œuvre, il avait confiance dans son effort».

Puis il parle d'un logement glacial, d'une espèce de lanterne, qu'il avait, quelques années, occupée au septième, et de ses montées sur un rebord de toit au huitième, en compagnie de son ami Pajot. De ce huitième, on voyait tout Paris et pendant que le futur commissaire de police Pajot s'amusait à pisser dans les cheminées des locataires de la maison, lui, Zola, contemplait et devant ce panorama, étalé sous ses yeux, de la capitale, il se glissait dans la cervelle du débutant littéraire la pensée de la conquête de Paris.

Edmond de Goncourt,
Journal

Quinze ans plus tard, rue Saint-Georges...

Une relative aisance est venue, avant même la publication de L'Assommoir. *Huysmans rend visite aux Zola dans leur pavillon des Batignolles.*

La bonne vous introduit dans une antichambre meublée d'un grand porte-manteau, d'une glace au cadre de chêne et tapissée de fleurs et de plantes vertes. En face, un escalier et deux portes, celles du salon et de la salle à manger. Le salon prend vue sur le jardin; entre les deux fenêtres se dresse sur un socle de pourpre, le buste de l'écrivain; à gauche, la cheminée fourmille de bibelots japonais, monstres à queues torses et à yeux retroussés et moqueurs, toute l'absurde et délicieuse fantaisie de ce peuple étrange : à droite un piano également encombré de petits meubles en laque, de figurines à parasols, de cache-pots garnis de fleurs; au-dessus une grande glace taillée à biseaux, au cadre enroulé de volutes et de festons d'or; une table, un canapé, des rideaux cramoisis aux fenêtres, le portrait du maître par Manet, des chinoiseries, des esquisses et c'est tout.

Joris-Karl Huysmans,
L'Actualité de Bruxelles, 1877

La campagne aux alentours de Médan (ci-dessus) et le passage du train du Havre (à droite, en bas) : deux photographies prises par Emile Zola.

Le dîner chez Trapp

Deux cercles se forment en 1877 : celui des maîtres – Flaubert, Zola, Goncourt, Daudet, Tourgueniev – et celui des disciples – les futurs auteurs des Soirées de Médan. *Tous se réunissent lors du «dîner Trapp», le 16 avril 1877.*

Dans un restaurant qui va devenir illustre, chez Trapp, aux environs de la gare Saint-Lazare, six jeunes et enthousiastes naturalistes, qui, eux aussi, deviendront célèbres, MM. Paul Alexis, Henry Céard, Léon Hennique, J.-K. Huysmans, Octave Mirbeau et Guy de Valmont, traitent leurs maîtres : Gustave Flaubert, Edmond de Goncourt, Émile Zola. Un des convives nous a communiqué le menu : «Potage, purée Bovary; Truite saumonée à la Fille Élisa; Poularde truffée à la Saint-Antoine; Artichauts au Cœur simple; Parfait naturaliste; Vin de Coupeau; Liqueur de *L'Assommoir*». M. Gustave Flaubert, qui a d'autres disciples, remarque l'absence des anguilles à la Carthaginoise et des pigeons à la Salammbô.

La République des Lettres, 13 avril 1877

«Une cabane à lapins»

C'est L'Assommoir *qui l'a payée. Zola annonce l'événement à Flaubert dans une lettre du 9 août 1878.*

J'allais vous écrire, travaillé de remords de ne vous avoir pas écrit plus tôt. J'ai eu toutes sortes de tracas: j'ai acheté une maison, une cabane à lapins entre Poissy et Triel, dans un trou charmant, au bord de la Seine : neuf mille francs. Je vous dis le prix pour que vous n'ayez pas trop de respect. La littérature a payé ce modeste asile champêtre, qui a le mérite d'être loin de toute station et de ne pas compter un seul bourgeois dans son voisinage. Je suis seul, absolument seul; depuis un mois, je n'ai pas vu une face humaine. Seulement mon installation m'a beaucoup dérangé et de là ma négligence. J'ai eu de vos nouvelles par Maupassant qui m'a acheté un bateau et qui me l'a amené lui-même à Bezons…

Emile Zola,
Correspondance, tome III, Presses de l'Université de Montréal et éditions du CNRS, 1975-1995

Le paysage de Médan

Paul Alexis, Aixois, est un familier de Zola depuis 1869. Il lui restera fidèle jusqu'à la fin (il mourra en 1901). Il publie en 1880 la première biographie de Zola, Emile Zola, Notes d'un ami.

Médan est un tout petit village de deux cents âmes au plus, sur la rive gauche de la Seine, entre Poissy et Triel. Il y a, si l'on veut, un haut et un bas Médan, c'est-à-dire que des quelques maisonnettes de paysans, les unes se trouvent groupées le long de la route de Triel, à mi-côte d'un coteau admirable, accidenté, hérissé çà et là d'un bouquet de hauts noyers; tandis que les autres cahutes semblent avoir glissé au bas de la rampe jusqu'au remblai du chemin de fer de l'Ouest qui passe en cet endroit, parallèlement à la Seine, à une quarantaine de pas de la rive. La route, un peu creuse entre ses deux talus gazonnés, semblables à un

❝Vous prendrez le train qui part à deux heures de Paris et vous descendrez à Triel. Là, vous reviendrez sur vos pas, vers Paris, en suivant le côté gauche de la voie : un chemin suit la haie qui borde la voie et conduit droit à Médan; au bout d'une demi-heure de marche, quand vous rencontrerez un pont, vous passerez sur ce pont, et vous serez arrivé : la maison est de l'autre côté du pont, à droite. Maupassant, qui a pris ce chemin, s'en est bien trouvé; et c'est par là que je vais moi-même à Paris…❞

Emile Zola,
Lettre à Léon Hennique, le 14 août 1878, *Correspondance, op. cit.*

banc de velours vert continu, monte et descend à chaque instant, ombragée, sans poussière, propre comme une allée de parc anglais. Un grand calme plane, coupé de temps en temps par le passage d'un train ou par le sifflement de quelque transport à hélice qui remonte lentement la rivière en remorquant cinq ou six péniches. Là s'aperçoit une maison tout étroite, cachée dans un nid de verdure, isolée du hameau par une allée d'arbres magnifiques qui descend jusqu'à la Seine et sous laquelle un vieux pont livre passage à la voie ferrée; c'est la maison de Zola.

Paul Alexis,
Le Gaulois, 15 octobre 1879

La cabinet de travail

Médan n'est pas une villégiature. Les Zola y séjournent du printemps à l'automne. Zola y retrouve son même régime de travail quotidien.

Il passe sa vie à Médan. Son cabinet, haut de plafond comme une église, occupe tout un étage de la maison. D'un côté s'ouvre une large baie cintrée qui donne sur un balcon. Les petites vitres de l'immense fenêtre ressemblent à celles de certains palais du XVᵉ siècle; du côté opposé, des vitraux de couleur laissent filtrer dans la pièce un jour tamisé. Au fond, de ce même côté, s'étale un divan très bas dans une large alcôve encadrée par deux portes. Au-dessus du divan, une sorte de tribune, un second étage pratiqué dans la chambre même, et où l'on monte par un escalier dissimulé, à gauche. Cette tribune, éclairée, elle aussi, comme l'alcôve, par des vitraux de couleur longs et étroits, est garnie d'armoires qui servent de bibliothèque. La pièce s'encombre de meubles riches, d'armures suspendues aux parois. Deux immenses magots en bronze se dressent entre le divan et le secrétaire. M. Zola est romantique chez lui; il affectionne les chinoiseries et les bibelots du Japon. Ce goût lui a sans doute été légué par M. Edmond de Goncourt, grand amateur, ou par Édouard Manet, cet enlumineur japonais très original, égaré parmi nous.

Louis Desprez,
L'Evolution naturaliste, 1884

Dîner chez Zola

Il y reçoit aussi ses amis et y organise des dîners. Après l'affaire Dreyfus, ce sera un refuge contre le brouhaha politique.

Un fin dîner, avec un potage au blé vert, des langues de rennes de Laponie, des surmulets à la provençale, une pintade truffée. Un dîner de gourmets, assaisonné d'une originale conversation sur les choses de la gueule et l'imagination de l'estomac, au bout de laquelle Tourguéneff prend l'engagement de nous faire manger des doubles bécassines de Russie, le premier gibier du monde. [...]

En face de sa maison, derrière la prairie séparée du jardin par le chemin de fer, Zola voit, de ses fenêtres, le grand ruban de la Seine coulant vers Triel, puis une plaine immense et des villages blancs sur le flanc de coteaux lointains, et, au-dessus, des bois couronnant les hauteurs. Parfois, après son déjeuner, il descend une charmante allée qui conduit à la rivière, traverse le premier bras d'eau dans sa barque Nana et aborde dans la grande île, dont il vient d'acheter une partie. Il a fait bâtir là un élégant pavillon, où il compte, l'été, recevoir ses amis.

Guy de Maupassant, *Chroniques*

Matinées de travail

Le docteur Toulouse a interrogé Zola sur ses méthodes et ses rythmes de travail.

Les Rougon-Macquart *étaient achevés depuis deux ans, mais rien n'avait changé. Zola préparait alors* Rome.

C'est le matin que M. Zola se livre au travail de création, laissant la journée aux courses et le soir aux travaux préparatoires et à la correction des épreuves. Il se trouve bien aujourd'hui de cet arrangement; mais, quand il était employé, il ne travaillait que le soir, n'ayant pas d'autre liberté. Chez lui cette habitude était alors si forte qu'il lui fallait, le dimanche après-midi, fermer les fenêtres et allumer des bougies pour se donner l'illusion de la nuit. Toutefois M. Zola pense que le matin lui est plus favorable; cela va mieux à son tempérament qui le pousse à attaquer la tâche journalière au saut du lit.

Pendant qu'il travaille il est isolé de tout ce qui l'entoure; il perçoit mal les sensations extérieures et il n'en conserve pas de souvenirs précis. Ainsi, il lui arrive souvent que, descendant déjeuner, il apprenne que son chien a aboyé longtemps, que la cloche a résonné plusieurs fois ou que le temps a changé brusquement. Il ne s'est aperçu de rien ou du moins il n'a gardé aucun souvenir de tout cela. Il s'isole donc bien du milieu extérieur. Cependant il est des jours où cet isolement est difficile à obtenir. Dans les moments où il n'est pas en train, toutes les sensations extérieures retentissent fortement sur lui, et il en est tout agacé. Aussi est-ce surtout dans la prévision de ces mauvaises dispositions que, durant son travail, il condamne sa porte à tout le monde.

Docteur Toulouse,
Emile Zola, enquête médico-psychologique sur la supériorité intellectuelle, Flammarion, 1896

Les dossiers manuscrits

Le docteur Toulouse a raison : Zola avait tout gardé. Après sa mort, Alexandrine donnera à la Bibliothèque nationale les dossiers préparatoires des Rougon-Macquart *et des* Quatre Evangiles, *et à la bibliothèque Méjanes d'Aix-en-Provence ceux des* Trois Villes. *La Bibliothèque nationale héritera d'une partie des milliers de lettres reçues par Zola; le reste sera conservé par les descendants.*

Chaque chose a sa place autour de M. Zola, sur son bureau, dans son appartement; et le désordre lui est très pénible. J'ai cru longtemps qu'il ne travaillait pas à Paris dans le cabinet où il me recevait, tant sa table était nette et bien ordonnée; sur elle aucun papier ne traînait jamais. L'encrier, le porte-plume, le sablier, une foule de petits objets étaient rangés dans un ordre immuable. Quand il écrit, M. Zola classe toutes ses notes dans des chemises, qui forment des paquets distincts, destinés chacun à des tiroirs spéciaux. A la fin de la séance, le sous-main, couvert de notes, est dépouillé, les fiches qui sont dressées vont dans leur couverture et sont classées méthodiquement avec une grande patience. Obéissant plus ou moins consciemment à cet esprit d'ordre, M. Zola garde les nombreuses lettres qu'il reçoit et dont la plupart ne peuvent lui être d'aucune utilité; mais il ne saurait rien détruire.

Il ne relit pas ses manuscrits, qu'il envoie directement à l'imprimerie et il ne corrige que sur les épreuves. Pour ses premiers romans il corrigeait une première épreuve, puis une seconde qu'il envoyait au journal où était publié son roman, et enfin le feuilleton. Cela faisait trois corrections avant la mise en pages. La correction sur le feuilleton était la bonne, parce qu'il voyait mieux les défauts, sous cette forme typographique grossière. Dans ces dernières années il s'est relâché de ce procédé, qui représente cependant l'idéal pour lui; et il ne corrige plus le feuilleton, ne revoyant son œuvre qu'après la mise en pages.

Docteur Toulouse, *op. cit.*

Zola, Jeanne et les enfants

Denise, la fille de Zola et de Jeanne, a publié en 1931 un témoignage direct sur ce que fut l'existence de ses parents pendant quatorze années, de 1888 à 1902.

La vie de Zola, déchiré entre sa femme et sa nouvelle petite famille, fut extrêmement pénible. C'était un grand cœur tendre, d'une bonté excessive qui doublait pour lui le chagrin des autres; il ne pouvait voir souffrir sans en être bouleversé. Il plaint sa femme, mais il se plaint aussi, et il songe désespérément à Jeanne et à ses enfants. Dans son désir de rendre tous les siens heureux, il continue à vivre près de sa femme : «Je ne veux pas mettre un remords dans notre tendresse», écrit-il à Jeanne Rozerot, le 16 août 1892. Et elle, elle lui a promis d'être forte et de ne point se décourager.

Quelle amertume dans les lettres de Zola, quelle puissante tendresse s'en dégage! Combien il souffre de ne pouvoir vivre auprès de ses enfants. Il les nomme l'un après l'autre, les appelle, leur parle comme s'ils pouvaient déjà comprendre et répondre. Cette tendresse, nous l'avons sentie pendant de trop courtes années rayonner autour de nous, et elle revit dans les feuillets de ces lettres; elle survit à la mort, je la sens encore parfois m'envelopper, tant elle était forte, lorsque je touche les reliques du passé, et lorsque je me souviens des doux yeux tristes de mon père posés sur les miens.

Denise Le Blond-Zola,
Emile Zola raconté par sa fille,
Fasquelle, 1931

«La Dame»

Chacun, dans cette aventure sentimentale qui resta digne, eut à accepter de lourds sacrifices. Alexandrine Zola ne fut peut-être pas la plus mal traitée. Après quelques crises violentes, elle fut touchée par les enfants. Plus tard, elle acceptera qu'ils portent le nom de leur père et les recevra chez elle jusqu'à sa mort, survenue en 1925.

Notre vie s'était lentement organisée, et je me souviens avec netteté des années que nous avons vécues ensuite, 3, rue du Havre, jusqu'après la mort de mon père. Il n'était plus question de se cacher, il venait ouvertement nous voir. Mme Émile Zola, qui avait désiré nous connaître, nous avait pris en affection et demandait de nos nouvelles. Une ou deux fois par mois, le jeudi, Jacques et moi, nous allions nous promener avec mon père et elle, aux Tuileries, au Palais-Royal, aux Champs-Élysées pendant l'hiver, puis au Bois dès que les beaux jours apparaissaient. Nous étions bien un peu intimidés par «la dame» comme nous disions, qui nous regardait jouer avec un bon sourire, qui riait de nos réflexions enfantines, mais notre père était là, et nous étions rassurés. Un air de mystère planait autour de nous, puisque notre mère était absente, qu'on ne parlait pas d'elle et qu'on ne nous prévenait jamais à l'avance des promenades. Nous ne rentrions pas les mains vides : «la dame» nous faisait toujours des cadeaux, surtout au retour de son voyage annuel en Italie.

Denise Le Blond-Zola, *op. cit.*

Intimité rue du Havre...

Zola voulait égayer la maison; il apportait des brassées de fleurs tout le long de l'année, s'arrêtant autour de la gare Saint-Lazare, auprès des marchandes qui guettaient sa venue. Quelquefois, il lui arrivait d'acheter à l'une d'elles, stupéfaite et ravie, toute la cargaison fleurie qui emplissait sa voiture. Au premier janvier, il nous envoyait des bonbons qu'il faisait mettre, soit dans les tiroirs d'un petit meuble chinois, soit dans un brûle-parfum énorme, ou encore dans une hotte en cuivre, ou dans tel autre bibelot destiné à ma mère.

Denise Le Blond-Zola, *op. cit.*

... et à Verneuil

Alexandrine passait les beaux jours à Médan, Jeanne à Verneuil, tout près de là. Des habitudes de partage s'étaient instaurées dans la discrétion : Zola pratiquait beaucoup la bicyclette…
Ces jours tranquilles, après les tempêtes, auraient pu durer si la nuit du 28 au 29 septembre 1902 avait été moins froide et moins humide…

Adossée à la rue, l'habitation n'avait qu'une toute petite fenêtre ouverte de ce côté, dans un cabinet habituellement fermé. La porte cochère massive achevait de nous séparer du monde. Le jardin était très beau, très vert, avec deux grandes pelouses, un bassin, des arbres formant un sous-bois, une butte en labyrinthe, et des massifs, des allées cachées, puis un potager superbe, fleuri de dahlias et de roses trémières. C'était à la fois plus simple, plus familial, plus intime que Médan; là, Zola était bien sûr de n'être dérangé par aucun importun, à l'abri de toute curiosité indiscrète. A Médan, du chemin de fer, du pont voisin, on plonge dans la propriété.

Denise Le Blond-Zola, *op. cit.*

Echos d'une grande voix

Les interventions de Zola, à propos de la littérature et de l'art, des institutions, des faits de société, des «affaires», ont été innombrables. De temps en temps il prenait feu : sur les idées littéraires, la censure, la vie parlementaire, l'injustice, etc. La coupe et le ton de l'article polémique lui convenaient; c'était en somme son second métier. Voici quelques échos de sa voix, qui a agacé ou séduit les contemporains et parfois fait trembler les pouvoirs.

«Mes Haines»

La première grande campagne de Zola est vouée tout entière aux lettres contemporaines : une série d'articles dans Le Salut public de Lyon, *en 1865. Il admire* Germinie Lacerteux, *des Goncourt, et en est marqué pour longtemps. Il réunit ces textes dans* Mes Haines, *en 1866, accompagnés d'une préface provocante.*

Je hais les sots qui font les dédaigneux, les impuissants qui crient que notre art et notre littérature meurent de leur belle mort. Ce sont les cerveaux les plus vides, les cœurs les plus secs, les gens enterrés dans le passé, qui feuillettent avec mépris les œuvres vivantes et tout enfiévrées de notre âge, et les déclarent nulles et étroites. Moi, je vois autrement. Je n'ai guère souci de beauté ni de perfection. Je me moque des grands siècles. Je n'ai souci que de vie, de lutte, de fièvre. Je suis à l'aise parmi notre génération. Il me semble que l'artiste ne peut souhaiter un autre milieu, une autre époque. Il n'y a plus de maîtres, plus d'écoles. Nous sommes en pleine anarchie, et chacun de nous est un rebelle qui pense pour lui, qui crée et se bat pour lui. […] Je hais les cuistres qui nous régentent, les pédants les ennuyeux qui refusent la vie. Je suis pour les libres manifestations du génie humain. Je crois à une

Le triomphe du naturalisme personnifié par un Zola impérial.

suite continue d'expressions humaines, à une galerie sans fin de tableaux vivants, et je regrette de ne pouvoir vivre toujours pour assister à l'éternelle comédie aux mille actes divers. Je ne suis qu'un curieux. Les sots qui n'osent regarder en avant regardent en arrière. Ils font le présent des règles du passé et ils veulent que l'avenir, les œuvres et les hommes, prennent modèle sur les temps écoulés. Les jours naîtront à leur gré, et chacun d'eux amènera une nouvelle idée, un nouvel art, une nouvelle littérature.

Emile Zola,
Mes Haines, 1866

Prendre les faits dans la nature

De 1876 à 1880, Zola répète inlassablement ses professions de foi «naturalistes» – qui énervent Flaubert! Le Roman expérimental *est un titre qui pastiche Claude Bernard. La notion d'expérimentation, appliquée à la littérature, est ici restreinte. Mais elle anticipe sur certaines recherches du XX*e *siècle.*

Donc, une fois encore, le naturalisme est purement une formule, la méthode analytique et expérimentale. Vous êtes naturaliste si vous employez cette méthode, quelle que soit d'ailleurs votre rhétorique. Stendhal est un naturaliste, comme Balzac, et certes sa sécheresse de touche ne ressemble guère à la largeur parfois épique de Balzac; mais tous les deux procèdent par l'analyse et par l'expérience. Je pourrais citer, de nos jours, des écrivains dont le tempérament littéraire paraît tout opposé, et qui se rencontrent et communient ensemble dans la formule naturaliste. Voilà pourquoi le naturalisme n'est pas une école, au sens étroit du mot, et voilà pourquoi il n'y a pas de chef distinct, parce qu'il laisse le champ libre à toutes les individualités. Comme le romantisme, il ne s'enferme pas dans la rhétorique d'un homme ni dans le coup de folie d'un groupe. Il est la littérature ouverte à tous les efforts personnels, il réside dans l'évolution de l'intelligence humaine à notre époque. On ne vous demande pas d'écrire d'une certaine façon, de copier tel maître; on vous demande de chercher et de classer votre part de documents humains, de découvrir votre coin de vérité, grâce à la méthode. [...]

Le romancier part à la recherche d'une vérité. Je prendrai comme exemple la figure du baron Hulot, dans *La Cousine Bette*, de Balzac. Le fait général observé par Balzac est le ravage que le tempérament amoureux d'un homme amène chez lui, dans sa famille et dans la société. Dès qu'il a eu choisi son sujet, il est parti des faits observés, puis il a institué son expérience en soumettant Hulot à une série d'épreuves, en le faisant passer par certains milieux, pour montrer le fonctionnement du mécanisme de sa passion. Il est donc évident qu'il n'y a pas seulement là observation, mais qu'il y a aussi expérimentation, puisque Balzac ne s'en tient pas strictement en photographe aux faits recueillis par lui, puisqu'il intervient d'une façon directe pour placer son personnage dans des conditions dont il reste le maître. Le problème est de savoir ce que telle passion, agissant dans tel milieu et dans telles circonstances, produira au point de vue de l'individu et de la société; et un roman expérimental, *La Cousine Bette* par exemple, est simplement le procès-verbal de l'expérience, que le romancier répète sous les yeux du public. En somme, toute l'opération consiste à prendre les faits dans la nature, puis à étudier le mécanisme des faits, en agissant sur

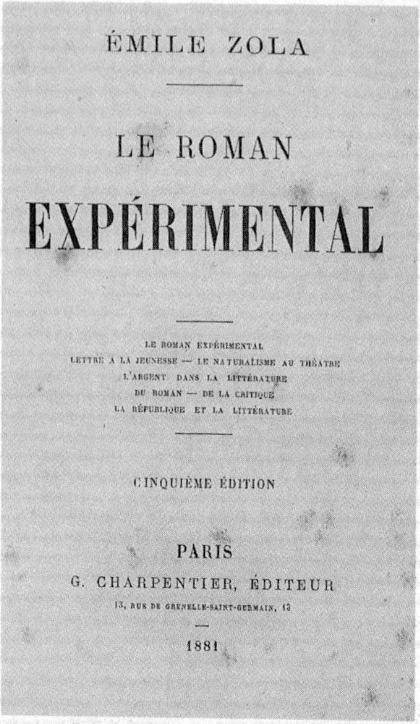

ÉMILE ZOLA

LE ROMAN

EXPÉRIMENTAL

LE ROMAN EXPÉRIMENTAL
LETTRE A LA JEUNESSE — LE NATURALISME AU THÉATRE
L'ARGENT DANS LA LITTÉRATURE
DU ROMAN — DE LA CRITIQUE
LA RÉPUBLIQUE ET LA LITTÉRATURE

CINQUIÈME ÉDITION

PARIS
G. CHARPENTIER, ÉDITEUR
13, RUE DE GRENELLE-SAINT-GERMAIN, 13

1881

eux par les modifications des circonstances et des milieux, sans jamais s'écarter des lois de la nature. Au bout, il y a la connaissance de l'homme, la connaissance scientifique, dans son action individuelle et sociale.

Emile Zola,
Le Roman expérimental, 1880

L'écrivain, un homme libre de tout engagement

Dans un article sur «L'argent dans la littérature», Zola récuse toute idée de subvention officielle au travail de l'écrivain. Ni pensions, ni bourses, ni prix. Accepter, somme toute, là comme ailleurs, la sélection naturelle.

Il y a encore les subventions, les commandes, les récompenses dont je veux dire un mot. Les récompenses ne coûtent rien à l'Etat; c'est une façon commode de contenter les gens, et je n'en parle que pour montrer une fois de plus l'esprit d'égalité. Jadis les croix ne s'égaraient jamais sur la poitrine des écrivains; aujourd'hui, il y a dans les lettres de grands dignitaires. Quant aux commandes et aux subventions, elles se produisent rarement dans les lettres en dehors des théâtres, ou d'ailleurs elles s'adressent à la spéculation dramatique elle-même et non directement à l'œuvre de l'écrivain. Beaucoup de gens, de jeunes gens surtout, se plaignent et accusent le gouvernement de ne pas faire pour les lettres ce qu'il fait par exemple pour la peinture et la sculpture. Ce sont là des réclamations bien dangereuses, l'honneur de notre littérature est d'être indépendante. Je répéterai ce que j'ai dit ailleurs : tout ce que le gouvernement peut faire pour nous, c'est de nous donner une liberté absolue. A cette heure, l'idée la plus haute que nous nous faisons d'un écrivain est celle d'un homme libre de tout engagement, n'ayant à flatter personne, ne tenant sa vie, son talent, sa gloire, que de lui-même, se donnant à son pays et ne voulant rien en recevoir.

Emile Zola,
Le Roman expérimental, 1880

La mort de Flaubert

Flaubert meurt subitement, à Croisset, le 8 mai 1880. C'est un déchirement absolu pour Zola, son premier grand deuil depuis la mort, ancienne, de son père et de ses grands-parents maternels.

La mort de Gustave Flaubert a été pour nous tous un coup de foudre. Six semaines auparavant, le dimanche de Pâques, nous avions réalisé un vieux projet, Goncourt, Daudet, Charpentier et moi; nous étions allés vivre vingt-quatre heures chez lui, à Croisset; et nous l'avions quitté, heureux de cette escapade, attendris de son hospitalité paternelle, nous donnant tous rendez-vous à Paris pour les premiers jours de mai, époque à laquelle il devait y venir passer deux mois. Le samedi 8 mai, je me trouvais à Médan, où je m'installais depuis trois jours, et je me mettais à table, heureux d'être débarrassé de la poussière de l'emménagement, rêvant pour le lendemain une matinée de travail sérieux, lorsqu'une dépêche m'arriva. A la campagne, chaque fois que je reçois une dépêche, j'éprouve un serrement de cœur, dans la crainte d'une mauvaise nouvelle. Je plaisantais pourtant; tous les miens étaient là, je dis en riant que la dépêche n'allait toujours pas nous empêcher de dîner. Et, le papier ouvert, je lus ces deux mots: «Flaubert mort». C'était Maupassant qui me télégraphiait ces deux mots, sans explications. Un coup de massue en plein crâne.

Nous l'avions laissé si gai, si bien portant, dans la joie du livre qu'il finissait! Aucune mort ne pouvait m'atteindre ni me bouleverser davantage. Jusqu'au mardi, jour des obsèques, il est resté devant moi; il me hantait, la nuit surtout; brusquement, il arrivait au bout de toutes mes pensées, avec l'horreur froide du plus jamais. C'était une stupeur, coupée de révoltes. Le mardi matin, je suis parti pour Rouen, j'ai dû aller prendre un train à la station voisine et traverser la campagne, aux premiers rayons du soleil : une matinée radieuse, de longues flèches d'or qui trouaient les feuillages pleins d'un bavardage d'oiseaux, des haleines fraîches qui se levaient de la Seine et passaient comme des frissons dans la chaleur. J'ai senti les larmes me monter aux yeux, quand je me suis vu tout seul, dans cette campagne souriante, avec le petit bruit de mes pas sur les cailloux du sentier.

Emile Zola,
Les Romanciers naturalistes, 1881

La foule et la dictature

En 1887, le «brav' général Boulanger» semble porté vers un destin national. La République saura se défendre; le malheureux Boulanger se suicidera sur la tombe de sa maîtresse. Zola ne l'avait pas vraiment pris au sérieux.

Boulanger! C'est un pieu surmonté d'un chapeau, un chapeau galonné et empanaché! Pas autre chose. Et le pire, c'est que ce pieu répond à un besoin mal dissimulé de la nation, au besoin d'une domination quelconque : royauté, empire, dictatoriat, gambettisme, ou boulangisme.

Quoi que nous en disions, nous n'empêcherons pas que durant dix-huit siècles la France n'ait été un pays résolument monarchique. L'échine de tout Français porte le pli de cette longue sujétion. Les globules de notre sang sont monarchistes. Et nos aspirations vers la République, notre beau rêve d'une nation qui se gouverne elle-même, sont en perpétuel conflit avec ces puissants vestiges d'atavisme.

Je n'en veux pas chercher d'autre preuve que dans le spectacle d'erreurs, de bêtises et d'impuissances que nous ont offert ces dix-huit dernières années et qui est bien fait pour désespérer un observateur, même indifférent et patient, bien fait surtout pour désespérer la foule – cette inconsciente : la foule qui, sans le raisonner et le discuter, se ressent du malaise qui pèse sur nous tous et qui, vaguement, cherche à s'en évader, fût-ce pour se jeter dans les bras d'un dictateur.

Un dictateur, un sauveur, c'est ce que la foule voyait déjà en Gambetta; c'est ce qu'elle voit aujourd'hui en Boulanger. Gambetta, Boulanger ne lui apparaissent que comme fétiche… Au moins le premier pouvait-il se targuer de son talent de grand orateur; quant au second qui le remplace, rien, rien, rien! Et c'est là sa force. C'est d'être une abstraction, une idée, une entité. Il peut, à son gré, tout faire, se livrer à toutes les billevesées, accumuler fautes sur maladresses, cela ne changera rien à sa popularité. Il représente, aux yeux de la foule, l'idée abstraite du sauveur.

Le Figaro, 29 mars 1888, in *Entretiens avec Zola*, publié par D. Speirs et D. Signori, Presses de l'université d'Ottawaa, 1990

Les anarchistes

Face aux attentats anarchistes, Zola adopte une position nuancée. Il se souvient de Germinal.

Ils ont commencé avec l'existence même des sociétés. Devant les maux inévitables, engendrés par tout ordre social, il a toujours existé des hommes simples, épris du songe d'un bonheur sans mélange, qui, sincèrement convaincus de la possibilité d'un paradis terrestre, ont cru qu'il suffisait de revenir à la nature et, partant, de détruire l'état de choses conventionnellement établi. Et plus leur rêve était beau, plus leur désir de bonheur humain était intense, plus ardemment ils proclamaient la nécessité de démolir.

La théorie anarchiste s'est continuée toujours, tantôt silencieuse, idyllique presque, réfugiée dans l'âme des rêveurs; tantôt bruyante, exaltée, menaçante, dans le cerveau des hommes d'action. C'est surtout à la fin des civilisations, au moment où un monde à son déclin va faire place à un monde nouveau, qu'elle éclate brusquement. Car, à ce moment-là, les erreurs sociales se dévoilent aux yeux des plus indifférents, les conventions apparaissent artificielles, l'inégalité n'est plus que l'injustice. Alors, ces êtres dont nous parlons, blessés, dans leur âme véritablement bonne, de tous les maux qu'en rêve ils ont si souvent guéris, n'ont plus qu'un désir : tuer l'effet en tuant la cause, c'est-à-dire supprimer le mal en supprimant la société qui l'engendre.

«Entretiens sur l'anarchie : Chez Emile Zola», Jean Carrère, *Le Figaro*, 25 avril 1892, in *Entretiens avec Zola*, *op. cit.*

L'antisémitisme avant l'Affaire

L'antisémitisme est ancien en France. Le succès de La France juive, *de Drumont, lui donne un tour de pathologie sociale. Le 16 mai 1896, dans* Le Figaro, *sous le titre «Pour les juifs», Zola réagit.*

Ce n'est plus d'un prêtre que le journal déjeune chaque matin, mais d'un juif, le plus gras, le plus fleuri qu'on puisse trouver. Déjeuner aussi médiocre que l'autre, et pour le moins aussi sot. Et, de tout cela, il ne reste que la laideur de la besogne, la plus folle et la plus exécrable qui soit à faire, la plus inutile aussi, heureusement, puisque les passants de la rue ne tournent même pas la tête, laissant les énergumènes se débattre comme des diables dans de louches bénitiers.

L'extraordinaire est qu'ils affectent la prétention de faire une œuvre indispensable et saine. Ah! les pauvres gens, comme je les plains, s'ils sont sincères! Quel épouvantable document ils vont laisser sur eux : cet amas d'erreurs, de mensonges, de furieuse envie, de démence exagérée, qu'ils entassent quotidiennement. […] C'est

Dans *La France juive* et *La Libre Parole*, Drumont (ci-dessus) prépare à sa façon les horreurs du siècle futur. En bas, à droite, Zola au moment de l'affaire Dreyfus.

au pilori de l'histoire qu'on les clouera, ainsi que des malfaiteurs sociaux, dont les crimes n'ont avorté que grâce aux conditions de rare aveuglement dans lesquelles ils les ont commis.

Car là est ma continuelle stupeur, qu'un tel retour de fanatisme, qu'une telle tentative de guerre religieuse, ait pu se produire à notre époque, dans notre grand Paris, au milieu de notre bon peuple. Et cela dans nos temps de démocratie, d'universelle tolérance, lorsqu'un immense mouvement se déclare de partout vers l'égalité, la fraternité et la justice! Nous en sommes à détruire les frontières, à rêver la communauté des peuples, à réunir des congrès de religions pour que les prêtres de tous les cultes s'embrassent, à nous sentir tous frères par la douleur, à vouloir tous nous sauver de la misère de vivre, en élevant un autel unique à la pitié humaine! Et il y a là une poignée de fous, d'imbéciles ou d'habiles, qui nous crient chaque matin : «Tuons les juifs, mangeons les juifs, massacrons, exterminons, retournons aux bûchers et aux dragonnades!» Voilà qui est bien choisir son moment! Et rien ne serait plus bête, si rien n'était plus abominable!

Emile Zola,
Nouvelle Campagne, 1897

Mener campagne jusqu'à ce que la vérité soit faite

Et voici l'Affaire. Zola s'y jette, en publiant d'abord trois articles dans Le Figaro *en novembre et décembre 1897. «Le Syndicat» (1er décembre) répond à ceux qui accusent les défenseurs de Dreyfus d'être financés par la banque juive.*

Un syndicat pour agir sur l'opinion, pour la guérir de la démence où la presse immonde l'a jetée, pour la ramener à sa fierté, à sa générosité séculaires. Un syndicat pour répéter chaque matin que nos relations diplomatiques ne sont pas

Dessin d'Hermann-Paul, en novembre 1897, favorable à la révision du procès de 1894.

en jeu, que l'honneur de l'armée n'est point en cause, que des individualités seules peuvent être compromises. Un syndicat pour démontrer que toute erreur judiciaire est réparable et que s'entêter dans une erreur de ce genre, sous le prétexte qu'un conseil de guerre ne peut se tromper, est la plus monstrueuse des obstinations, la plus effroyable des faillibilités. Un syndicat pour mener campagne jusqu'à ce que la vérité soit faite, jusqu'à ce que la justice soit rendue, au travers de tous les obstacles, même si des années de lutte sont encore nécessaires.

De ce syndicat, ah! oui, j'en suis, et j'espère bien que tous les braves gens de France vont en être!

Emile Zola,
La Vérité en marche, 1901

Désespoirs d'exil

Après la confirmation de sa condamnation, le 18 juillet 1898, Zola prend secrètement le train pour Londres. Dans ses Pages d'exil, *inachevées, inédites de son vivant, il évoque ses moments de pessimisme.*

Il y aura aussi toute une psychologie à faire des états d'âme par lesquels je suis passé, à mesure que les nouvelles de l'Affaire me sont arrivées. D'abord le moment de joie folle, après les aveux d'Henry, vers le 1er septembre, date à fixer, j'ai cru l'Affaire finie, la révision faite dans un cri de colère et de justice général. Puis, mes sentiments au fur et à mesure des nouvelles complications, des obstacles renaissants. Eh quoi! la France entière ne se levait pas, la vérité n'éclatait pas pour tous! Alors, le désespoir lent où je suis tombé, le pessimisme absolu. Moi, si calme au moment de mon procès, j'ai, à ce moment, perdu la foi, j'ai cru à la fin de la France. J'ai eu des semaines affreuses, désespérant d'un pays où la justice semblait décidément morte. Le tragique et l'horreur de cela, le retentissement en moi de ce qui se passa d'affreux dans mon pays, et ce retentissement au fond de ma solitude, de ce pays étranger et froid à mon cœur, où je ne parlais à âme qui vive. Cet état de sécheresse, cette perte de la grâce a duré pour moi jusqu'au jour où la Cour de cassation a été saisie; et même alors j'ai continué à vivre dans la crainte des embûches, redoutant toujours quelque suprême infamie qui enterrerait définitivement le crime. J'en suis à me demander, maintenant que je suis à peu près sûr que la vérité triomphera, si le pays saura jamais quelque gré à ceux qui l'ont sauvé de la honte. Les causes profondes qui l'ont si longtemps aveuglé,

Zola au moment de son exil en Angleterre.

et dont il faudra faire l'analyse – atavisme monarchique et militaire, cancer inguérissable de la défaite, orgueil inassouvi du légendaire troupier français maître du monde –, ces causes ne peuvent disparaître en un jour, continuent d'agir, à ce point que bien des gens ne nous savent pas gré d'avoir rendu la France à son idéal d'humanité et de justice.

Emile Zola,
Pages d'exil, édition posthume,
Œuvres complètes, tome XIV,
Cercle du livre précieux, 1970

Au capitaine Alfred Dreyfus

La Cour de cassation a cassé le jugement de 1894. Dreyfus est ramené en France le 1er juillet 1899. La première lettre de Zola au capitaine est un vibrant hommage au frère de ce dernier, Mathieu Dreyfus.

Paris, 6 juillet 1899
Capitaine, si je n'ai pas été un des premiers, dès votre retour en France, à vous écrire toute ma sympathie, toute mon affection, c'est que j'ai craint que ma lettre ne reste pour vous incompréhensible. Et j'ai voulu attendre que votre admirable frère vous ait vu, vous ait dit notre long combat. Il vient de m'apporter la bonne nouvelle de votre santé, de votre courage, de votre foi, et je puis donc vous envoyer tout mon cœur, en sachant que maintenant vous me comprendrez.

Ah! ce frère héroïque, il a été le dévouement, la bravoure et la sagesse. C'est grâce à lui, que, depuis dix-huit mois, nous crions votre innocence. Quelle joie il m'apporte, en me disant que vous sortez vivant du tombeau, que l'abominable martyre vous a grandi et épuré! Car l'œuvre n'est point finie, il faut que votre innocence hautement reconnue sauve la France du désastre moral où elle a failli disparaître. Tant que l'innocent sera sous les verrous nous n'existerons plus parmi les peuples nobles et justes. A cette heure, notre grande tâche est de vous apporter, avec la justice, l'apaisement, de calmer enfin notre pauvre et grand pays, en achevant notre œuvre de réparation, en montrant l'homme pour qui nous avons combattu, en qui nous avons incarné le triomphe de la solidarité humaine. Quand l'innocent se lèvera, la France redeviendra la terre de l'équité et de la bonté.

Emile Zola,
Correspondance, tome IX, *op. cit.*

Le conseil de guerre de Rennes

A Rennes, Dreyfus est condamné une seconde fois, le 9 septembre. Zola publie le lendemain un article dans L'Aurore, *sous le titre «Le cinquième acte», qui commence par cette phrase : «Je suis dans l'épouvante.»*

On aura vu là le plus extraordinaire ensemble d'attentats contre la vérité et contre la justice. Une bande de témoins dirigeant les débats, se concertant chaque soir pour le louche guet-apens du lendemain, requérant à coups de mensonges au lieu et place du ministère public, terrorisant et insultant leurs contradicteurs, s'imposant par l'insolence de leurs galons et de leurs panaches. Un tribunal en proie à cette invasion des chefs, souffrant visiblement de les voir en criminelle posture, obéissant à toute une mentalité spéciale, qu'il faudrait démonter longuement pour juger les juges. Un ministère public grotesque, reculant les limites de l'imbécillité, laissant aux historiens de demain un réquisitoire dont le néant stupide et meurtrier sera une éternelle stupeur,

Alfred Dreyfus, libéré, fait parvenir à Zola une photographie dédicacée.

d'une telle cruauté sénile et têtue, qu'elle apparaît inconsciente, née d'un animal humain inclassé encore. Une défense qu'on tente d'abord d'assassiner, puis qu'on fait asseoir chaque fois qu'elle devient gênante, à laquelle on refuse de laisser apporter la preuve décisive, lorsqu'elle réclame les seuls témoins qui savent.

Emile Zola,
La Vérité en marche, 1901

A madame Alfred Dreyfus

Le président Loubet signe la grâce de Dreyfus le 19 septembre 1899. L'innocent condamné deux fois est

rendu à sa famille. Zola publie dans L'Aurore, *le 29 septembre, une lettre ouverte à Mme Alfred Dreyfus. «Nous autres, madame, nous allons continuer la lutte.»*

Madame,
On vous rend l'innocent, le martyr, on rend à sa femme, à son fils, à sa fille, le mari et le père, et ma première pensée va vers la famille réunie enfin, consolée, heureuse. Quel que soit encore mon deuil de citoyen, malgré la douleur indignée, la révolte où continuent à s'angoisser les âmes justes, je vis avec vous cette minute délicieuse, trempée de bonnes larmes, la minute où vous avez serré dans vos bras le mort ressuscité, sorti vivant et libre du tombeau. Et quand même, ce jour est un grand jour de victoire et de fête.

Emile Zola,
La Vérité en marche, 1901

La loi d'amnistie

En décembre 1900, les Chambres votent une loi d'amnistie concernant tous les acteurs de l'affaire Dreyfus, persécuteurs et persécutés. Zola publie dans L'Aurore, *le 22 décembre, une «Lettre à M. Loubet, président de la République». Il ne verra pas le tout dernier acte, la réhabilitation*

Mon cher et grand ami Labori l'a dit avec sa superbe éloquence : la loi d'amnistie est une loi de faiblesse, d'impuissance. La lâcheté des gouvernements successifs s'y est comme accumulée, cette loi s'est faite de toutes les défaillances des hommes qui, mis en face d'une injustice exécrable, ne se sont senti la force ni de l'empêcher, ni de la réparer. Devant la nécessité de frapper haut, tous ont fléchi, tous ont reculé. Au dernier jour, après tant de crimes, ce n'est pas l'oubli, ce n'est pas le pardon qu'on nous apporte, c'est la peur, la débilité, l'impuissance où se sont trouvés les ministres de faire simplement appliquer les lois existantes. On nous dit qu'on veut nous apaiser par des concessions mutuelles : ce n'est pas vrai, la vérité est qu'on n'a pas eu le courage de porter la hache dans la vieille société pourrie et pour cacher ce recul, on parle de clémence, on renvoie dos à dos un Esterhazy, le traître, et un Picquart, le héros auquel l'avenir élèvera des statues. C'est une mauvaise action qui sera certainement punie, car elle ne blesse pas seulement la conscience, elle corrompt la moralité nationale.

Emile Zola, *ibidem*

Zola en chansons

L'historien de la musique Frédéric Robert a retrouvé la plupart des nombreuses chansons que l'œuvre et l'action de Zola ont inspirées aux musiciens et librettistes à partir du succès de «L'Assommoir» : Aristide Bruant, Jules Jouy, Montéhus, chansonniers populaires, auteurs de «goualantes» chantées par la célèbre Thérésa, mais aussi, sur un mode plus relevé, Alfred Bruneau et Gabriel Pierné.

Les dessins de couverture des chansons (texte et musique) sont aussi pittoresques que les paroles. La floraison du genre commence avec les échos musicaux de L'Assommoir *:*

La Gueule d'or ou Pas d'assommoir

Premier couplet

Forgeron frappant sur l'enclume
Le fer rouge sous le marteau,
Je caresse sans amertume
L'espoir secret d'un sort plus beau.
Quand du métal luit l'étincelle
Sous les efforts de mon bras noir,
Je suis heureux... La vie est belle,
Je ne vais pas à l'assommoir.

(Parlé)

Non, je ne vais pas à l'assommoir! Enfant du peuple je le respecte trop pour le déshonorer! Je m'adresse aux vrais ouvriers! qui dit ouvrier dit honneur et probité. Jamais sur notre front la débauche ne traça en rides profondes ces mots : Ivrogne! Lâche! Lâches, ceux dont les femmes attendent l'argent qu'ils boivent pour acheter du pain à leurs enfants. Lâches, ceux qui dans l'ivresse tuent leur esprit et leur corps, car tous les bons citoyens se doivent à leur patrie, à la République. Malheureux! plus d'orgie, ou vous peuplerez bientôt les cabanons de Bicêtre pour expirer dans d'horribles convulsions. Arrêtez-vous! car déjà vous n'êtes plus des hommes, bientôt vous serez des bêtes fauves! Amis de l'atelier, travaillons, accomplissons notre devoir et en frappant sur l'enclume chantons le refrain du forgeron. *(Etc.)*

Je suis Naturaliste!!!

Mais plus que Goujet ou Coupeau, Nana devient évidemment la figure favorite des chansonniers :

Y'en a qui s'font une opinion
D'après l'journal de leur portière

Qui n'sav'nt jamais dire oui ni non;
Moi, mes amis, c'est tout l'contraire:
La franch' gaîté je n'connais qu'ça,
J'appell' crétins ces zozos-là,
Je jug' mon siècle en fantaisiste.
Refrain
Je suis nana, je suis nature, je suis naturaliste
Pour un systèm' qui m'va, malheur!
Je n'vous dis qu'ça…

Sur la Lison

Zola n'a pas inspiré seulement des refrains de revues avec leurs gros calembours. A partir de Germinal, *la chanson se fait plus militante. Voici pourtant, extrait d'une «fantaisie lyrique»,* Bouton d'or, *créée au Théâtre des Nouveautés en janvier 1893, une parodie de* La Bête humaine *(air d'opéra pour baryton...), sur une musique de Gabriel Pierné :*

Quand je vois passer ma Lison
Dans un tourbillon de fumée,
Je vois passer ma bien-aimée
Roulant vers l'immense horizon!
Elle est pesante mais active;
Malgré son abord étouffant,
J'adore ma locomotive
Comme ma femme ou mon enfant!
Et quand la nuit, penché sur elle,
Je la sens vivre sous ma main,
Quand, par son énorme prunelle,
Je vois s'étendre mon chemin,
Nom d'un chien! sacré nom d'un chien!
Je la trouve bigrement belle.

Hommages

Jules Jouy (1855-1897), admirateur inconditionnel de Zola, fustige les «Cinq» (auteurs du manifeste contre La Terre*), sur l'air de la légende de Saint-Nicolas, dont voici le refrain :*

Il était cinq petits enfants
Qui chassaient les gros éléphants.

Et à la mort de Zola, Gaston Montéhus (1872-1952) compose un Hommage à Zola, *que suivront les couplets plus célèbres de* Gloire au dix-septième, La Jeune Garde *et* La Butte rouge *:*

La vérité ainsi que la justice
Portent le deuil d'un grand homme de cœur,
Car il lutta pour ell's jusqu'au supplice
En démasquant les jésuit's, les menteurs.
Eh oui, sa plume traça de belles pages
Que lui dicta son sublime cerveau.
Zola mérite qu'on lui rende hommage
Nous couvrirons d'immortell's son tombeau.
[…]
Zola est mort, mais son œuvre magique
Brill'ra au temple de l'humanité.

Lectures modernes

Le XXe siècle a proposé sur l'œuvre de Zola une tout autre lecture que celle de la plupart de ses contemporains. Au-delà du reportage, on a découvert une forêt d'images, de symboles et de réminiscences mythiques. Même Valéry a admiré la «composition musicale» des «Rougon-Macquart». Les jugements les plus originaux sont ceux qui commentent les traits véritablement modernes de Zola : d'un côté son exploration des fonds les plus obscurs de la conscience, de l'autre son intuition épique, flamboyante, un peu folle, des bouleversements qui affectent son siècle.

Un cœur pur

Le jugement d'Henri Guillemin, qui admire Zola à l'égal de Rousseau, de Lamartine… ou de Robespierre, est avant tout moral. De même, celui de Claude Roy commentant «J'Accuse».

Zola «n'acceptera» jamais. Il n'en «reviendra» jamais des bassesses, des égoïsmes meurtriers, des turpitudes.

«Une de ces âmes faites d'amour, bonnes pour aimer et pour pleurer.» Est-ce moi qui invente? C'est Emile Zola, vingt-cinq ans, qui se décrit lui-même dans sa *Confession*. Et ajoute : «Je resterai peut-être toujours un enfant.»

Il a cinquante-trois ans quand il écrit son *Docteur Pascal*, et le docteur Pascal, c'est lui; il n'en fait pas mystère. Les yeux du docteur Pascal sont «restés enfants» (p. 181); des yeux «encore pleins d'enfance» (p. 195).

Mieux qu'un grand homme, Emile Zola. Un brave homme, et un cœur pur.

Henri Guillemin,
Zola, légende ou vérité?, Julliard, 1960

Zola était un homme de cœur, ce n'était pas un enfant de chœur. Il venait d'écrire *La Débâcle*, qui n'est pas une peinture à l'eau de rose de la guerre et de ses horreurs. Il savait que la grande révolution ne s'était pas déroulée comme une fête de la Raison et une idylle de la Fraternité.

La clarinette d'Emile Zola. Il en avait joué au collège, et avait tout oublié. Il revint à la musique à la fin de sa carrière sous l'influence de son admiration pour Wagner et de son amitié pour Bruneau.

Ce n'était pas un professeur de morale un peu niais. L'affaire Dreyfus n'était pas pour lui une simple occasion d'écraser l'infâme, c'est-à-dire l'armée. Cet homme de gauche était aussi un patriote (pas un nationaliste), un jacobin éclairé. Le principe sous-jacent de toute son action est simple, en effet. Il jugeait les hommes sur les intentions de leurs moyens autant que sur leurs fins. Et il savait que si parfois la fin justifie les moyens, il est des moyens si vils qu'ils finissent par mettre fin aux fins les plus nobles.

Claude Roy, préface à
La Vérité en marche, Œuvres complètes,
Cercle du livre précieux, 1970

La lecture de Gide

Entre 1932 et 1934, Gide relit les Rougon-Macquart *et affirme, «doucement», son admiration.*

Cuverville, 1er octobre [1934]

Je voudrais écrire un article sur Zola, où protester (mais doucement) contre la méconnaissance actuelle de sa valeur. J'y voudrais préciser que mon admiration pour Zola ne date pas d'hier et n'est nullement inspirée par mes «opinions» actuelles (simplement ces opinions me permettent de mieux jauger aujourd'hui son importance); préciser que : à peine au sortir de nos classes et en plein cénacle mallarméen, Pierre Louÿs me récitait, pêle-mêle avec des suites de vers du *Satyre* de Hugo, de longs passages de *La Faute de l'abbé Mouret* (entre autres) et m'entraînait dans son admiration juvénile. Depuis quelques années, je relis chaque été quelques volumes des *Rougon-Macquart*, pour me convaincre à neuf que Zola mérite d'être placé très haut — en tant qu'artiste et sans aucun souci de «tendance».

André Gide, *Journal*, Gallimard, 1948

Des dieux féroces

De Gide à Céline, autre vision, autre ton… Louis-Ferdinand Céline, qui sort du Voyage au bout de la nuit, *prononce l'hommage traditionnel à Zola, peu conventionnel et curieusement prophétique.*

Il n'est peut-être que temps de rendre un suprême hommage à Emile Zola à la veille d'une immense déroute, une autre. Il n'est plus question de l'imiter ou de le suivre. Nous n'avons évidemment ni le don, ni la force, ni la foi qui créent les grands mouvements d'âme. Aurait-il de son côté la force de nous juger? Nous avons appris sur les âmes, depuis qu'il est parti, de drôles de choses.

La rue des Hommes est à sens unique, la mort tient tous les cafés, c'est la belote «au sang» qui nous attire et nous garde.

Depuis Zola, le cauchemar qui entourait l'homme, non seulement s'est précisé, mais il est devenu officiel. A mesure que nos «Dieux» deviennent plus puissants, ils deviennent aussi plus féroces, plus jaloux et plus bêtes. Ils s'organisent. Que leur dire? On ne se comprend plus.

L'Ecole naturaliste aura fait tout son devoir, je crois, au moment où on l'interdira dans tous les pays du monde. C'était son destin.

Louis-Ferdinand Céline,
discours de Médan,
le 1er octobre 1933

Un cortège de scènes si singulières

*L'auteur d'*Orphée *et du* Sang du poète *salue l'inventeur de visions plus surréalistes que «naturalistes».*

Comme j'aimerais plaider la cause de Zola et mettre sur la table des juges de quoi les confondre et les convaincre que ce grand réaliste était un grand poète.

Comme j'aimerais plaider la cause du réalisme véritable et dire : «Le réalisme consiste à peindre avec exactitude les objets d'un monde propre à l'artiste et sans le moindre rapport avec ce qu'on a coutume de prendre pour la réalité.»

Aussitôt on verrait sortir des coulisses d'un théâtre qu'on accuse d'être une sorte de transcendance du «Grand-Guignol» un cortège de scènes si singulières, si hautes, si nobles, si émouvantes, que j'arrive mal à comprendre que leur merveille ne guérisse pas les aveugles et ne les oblige pas à reconnaître leur erreur.

Quoi, c'est de ce grossier Zola, de ce bloc de tourbe, de ce monstre obscur, ennemi de toute grâce, que sortent les chevaux blancs de la mine, la locomotive morte sous la neige, l'enfant qui saigne sur les images d'Epinal, l'ivrogne qui flambe, mille et mille exemples d'un lyrisme savant analogue au lyrisme naïf de Fantomas lequel enchantait Apollinaire, et dont j'estime qu'il doit toujours nous servir de guide.

Jean Cocteau,
«Zola le poète», *Les Cahiers naturalistes*, 1958

Ça brûle trop vite

Pour Michel Serres, Zola est le poète de «l'alchimie moderne» : transformation mutuelle de toutes les humeurs, «jeu à mort» de toutes les énergies.

L'ordre de l'alphabet conventionnel joue son rôle dans l'imagination culturelle. Zola commence par un *z* et finit par un *a*, commence par un *z* et par un oméga et finit par l'alpha. Un peu comme à l'inverse du terme *azote*, écrit comme on le sait, dans le bon sens. Signature fascinée d'un texte sur la vie et la mort, qui commence au plus bas, au pire, passe aux enfers de feu, d'ordure, faute et meurtre pour finir à la Souléiade du docteur Pascal, espérance, savoir et résurrection. [...]

Du soleil de la Souléiade et du soleil de l'œuvre d'art. Des incendies et des bûchers. Du corps qui brûle de travail, de désirs ou d'alcool. La machine à vapeur comme modèle de la physiologie, de la genèse, du monde matériel, des organisations groupales et du texte. En cette fin de siècle, justement, apparaît une théorie nouvelle, issue des flancs d'acier où la vapeur chauffe et travaille. Et l'individu n'est plus l'objet de cette science. Son objet réel, c'est la grande population, à nouveau, le grand nombre. [...] Ce n'est plus Darwin qui parle ou qui fait discourir les nuages d'oiseaux ou les collèges de poissons, c'est Boltzmann qui écoute le bruit nombreux des molécules au travail dans le système chaud, qui associe les aléas de l'individuel et leur ordre moyen. [...]

Rien ne dit mieux que les *Rougon-Macquart* l'écrasement, le gaspillage, la dissémination, la perte, l'irréversible jusant vers la mort-désordre; la déchéance, l'épuisement, la dégénérescence. Ils le disent : ça brûle trop vite. Epopée d'entropie. Et rien ne dit mieux, à l'inverse, le flot de vie, le courant génésique, la confiance aveugle en ce que nous nommons désormais les forces de néguentropie, le vivant, le discours, l'arbre et la science, le sperme et la lettre. Ce qui redresse, inlassablement, la pile qui s'effondre.

Michel Serres,
Feux et signaux de brume, Grasset, 1975

Cette conception infernale du corps

La génération de 1960-1980, qui a lu Freud, Céline, Artaud, leur découvre un prédécesseur dans le visionnaire des Rougon-Macquart, *plus proche de Sade, de Baudelaire ou de Barbey d'Aurevilly qu'il ne l'aurait lui-même imaginé. Ici : Michel Butor, Gilles Deleuze et Julia Kristeva.*

Regardons une dernière fois cette admirable nature morte : la pipe sur le sol, sur la chaise la flamme bleue en quoi se métamorphose le vieillard ivre mort, le gant vert sur la table près de la bouteille de trois-six vide et du verre d'eau.

Nous comprenons maintenant le rôle que jouait celui-ci : devant la mort d'Antoine Macquart, c'est véritablement l'élixir de longue vie pour la famille ignoblement «royale», pour ce «caractère» auquel elle s'est alliée et dévouée corps et âme, que Félicité a cru tenir dans sa main.

C'est seulement la flamme bleue, produite par la combustion non seulement de l'alcool, mais de ce super alcool inépuisable qu'est l'encre, qui permettra aux différences héréditaires, au sang, de ne pas se tourner en usurpation, donc à la communauté héréditaire, à l'eau d'être illuminée tout entière par le jour.

Michel Butor, «Au feu des pages»,
Les Cahiers naturalistes, 1967

Zola partage avec le bourgeois qu'il scandalise cette conception catastrophique, infernale, du corps et des instincts. Simplement, là où le bourgeois s'accommode, fait la part du feu, lui ne cesse pas de vivre «cette mort dans la vie». Mais cela ne va pas toujours sans ambiguïté : précisément parce que Zola vit «obscurément» cette attitude, il ne saurait l'analyser, la dénoncer de l'extérieur. Aussi lui faut-il avoir recours à des intermédiaires infernaux pour opérer le dévoilement du corps et en assumer l'affreux discours : prostituées et bonnes «à tout faire» rempliront cette fonction. Penchées sur le sombre et puant «boyau», le «cloaque» qui creuse son puits d'enfer au centre même de la maison bourgeoise, les bonnes de *Pot-Bouille* «vomissent» les turpitudes des maîtres. Cette révélation du corps est ici une malédiction qui mène tout droit à l'impuissance : Octave et Berthe, après avoir surpris ce langage, après s'être penchés sur cet égout, ne pourront plus passer la nuit d'amour qu'ils avaient eue l'imprudence de vouloir cacher à l'étage ancillaire. Ainsi les bonnes sont deux fois victimes : exploitées par leurs maîtres et réduites à ne posséder que leur corps – qui leur est, en dernier recours, volé lui aussi –, elles sont également chargées d'en révéler et d'en assumer la nature infernale et même de prononcer contre Octave et Berthe les interdits stérilisants : décevant ricochet. Par là, on voit combien le point de vue de Zola est impur et combien il participe de ce contre quoi il lutte. Et pourtant, cette ambiguïté est pour nous génératrice de lumière, et nous comprenons au moins que si les bonnes sont les hérauts infernaux du corps, c'est parce que la société les relègue en Enfer.

Gilles Deleuze, préface à
La Bête humaine, *Œuvres complètes*,
Cercle du livre précieux, 1968

Quel talent? Talent sociologique, psychologique, clinique? Pas seulement. Il a le talent de l'insupportable, du grotesque, de cette lamentable condition humaine que traduisent le roman noir et le roman policier. [...]. Les caractères avec leurs pulsions dramatiques, et l'intrigue paroxystique dominent l'écriture. La littérature du mal selon Zola est une littérature de clinicien visionnaire. Ce prétendu «naturaliste» a le fier talent d'un imaginaire sado-masochiste. L'horreur a besoin de visionnaire pour nous confronter à l'enfer psychique. L'«écriture» n'est ni fière ni infernale. Parce qu'elle distancie et évide, l'écriture dite par Blanchot «blanche», a toujours pour destination finale une certaine grâce. Zola, lui, a opté pour les disgracieux et les disgraciés.

Julia Kristeva,
«Aimer la vérité cruelle et disgracieuse»,
Les Cahiers naturalistes, 1994

CHRONOLOGIE ABRÉGÉE

1840 2 avril, naissance d'Emile Zola à Paris.
1843 Installation des Zola à Aix-en-Provence.
1847 27 mars, mort de François Zola à Marseille.
1848 Chute de la Monarchie de Juillet.
1850 Mort de Balzac.
1851 Coup d'Etat de Louis Napoléon Bonaparte.
1852 Zola entre au collège Bourbon.
1854 Début de son amitié avec Paul Cézanne.
1858 Emile Zola et sa mère s'installent à Paris. Zola entre en seconde au lycée Saint-Louis. Vacances d'été à Aix. Au retour, fièvre typhoïde. Jusqu'en 1866, fréquents déménagements, sur la rive gauche.
1859 Echec au baccalauréat. Zola abandonne ses études.
1860 Travail aux Docks de la Douane (trois mois). Chômage et bohème. Nombreux poèmes, contes et nouvelles.
1861 Liaison avec une jeune femme de mœurs faciles, Berthe. Flâneries dans les ateliers de peinture. Cézanne à Paris.
1862 1er mars, embauche à la librairie Hachette (bureau des expéditions, puis de la publicité).
1863 Salon des Refusés.
1864 *Contes à Ninon.* Lectures de Stendhal et de Flaubert, puis de Balzac.
1865 Chroniques au *Petit Journal*, au *Salut Public de Lyon*, au *Figaro*. Liaison avec Gabrielle-Alexandrine Meley. *La Confession de Claude.*
1866 31 janvier, Zola quitte la librairie Hachette. *Salon* dans *l'Evénement*, éloge d'Edouard Manet. Séjours à Bennecourt, près de Mantes, avec ses amis peintres. *Mon Salon. Mes Haines. Le vœu d'une morte.*
1867 Zola et Alexandrine Meley s'installent aux Batignolles. Réunions au café Guerbois (Manet, Pissarro, Duranty, Guillemet, Bazille, Fantin-Latour, Renoir). *Les Mystères de Marseille, Thérèse Raquin, Edouard Manet.*
1868 14 juin, début d'une *Causerie* hebdomadaire dans *La Tribune,* journal républicain. *Madeleine Férat.*
1869 L'éditeur Albert Lacroix accepte le plan des *Rougon-Macquart* en 10 volumes. Début d'une longue amitié avec Paul Alexis.
1870 31 mai, mariage avec Alexandrine Meley. 19 juillet, guerre avec la Prusse. 2 septembre, désastre de Sedan. Abdication de Napoléon III. 7 septembre, départ des Zola pour Marseille. 11 décembre, départ pour Bordeaux.
1871 Zola chroniqueur parlementaire de *La Cloche* et du *Sémaphore de Marseille.* 14 mars, retour à Paris. Du 18 mars au 28 mai, Commune de Paris. *La Fortune des Rougon, La Curée.*
1872 *Lettres de Versailles,* puis *Lettres Parisiennes,* dans *La Cloche.* Georges Charpentier devient l'éditeur de Zola.
1873 Mac-Mahon président de la République. L'ordre moral. *Le Ventre de Paris. Thérèse Raquin* au théâtre. De 1871 à 1877, chroniques non signées au *Sémaphore de Marseille* (1800 articles).
1874 Amitié avec les Goncourt, Flaubert, Mallarmé, Maupassant. Première exposition «impressionniste». *La Conquête de Plassans.* Au théâtre, *Les Héritiers Rabourdin. Nouveaux contes à Ninon.*
1875 Début d'une collaboration mensuelle au *Messager de l'Europe* (Saint-Pétersbourg). *La Faute de l'abbé Mouret.* Visites admiratives de Huysmans et de Céard. Vacances à Saint-Aubin-sur-Mer.
1876 Début d'une chronique littéraire au *Bien public. Son Excellence Eugène Rougon.* Vacances à Piriac.
1877 Succès et scandale de *L'Assommoir*. Les Zola emménagent rue de Boulogne (aujourd'hui rue Ballu). Vacances à l'Estaque. Victoire des républicains aux élections législatives.
1878 *Une Page d'amour*. Au théâtre, *Le Bouton de rose.* 28 mai, achat de la maison de Médan. *Le Voltaire* remplace *Le Bien public.*
1879 Démission de Mac-Mahon. Amnistie partielle pour les Communards. *L'Assommoir*, adapté par William Busnach et Louis Gastineau, au théâtre de l'Ambigu.
1880 Chroniques de Zola dans *Le Figaro*, après sa brouille avec *Le Voltaire*. Derniers articles dans *Le Messager de l'Europe*. *Nana.Le Roman expérimental.* 8 mai, mort de Flaubert. 17 octobre, mort d'Emilie Zola.
1881 *Nana* au théâtre. - *Nos Auteurs dramatiques.. - Les Romanciers naturalistes. - Documents littéraires.*
1882 *Pot-Bouille. Une campagne. Le Capitaine Burle* (nouvelles).
1883 *Au bonheur des dames.* Mort de Tourgueniev et de Manet.
1884 *La Joie de vivre. Naïs Micoulin* (nouvelles).
1885 *Germinal.* Séjour de Zola au Mont-Dore. Mort de Victor Hugo.
1886 *L'Œuvre.*

1887 *La Terre. Renée (*adaptation de *La Curée* pour le théâtre).
1888 *Le Rêve.*
14 juillet, Zola chevalier de la Légion d'honneur. Liaison avec Jeanne Rozerot.
1889 Exposition Universelle. La tour Eiffel. *Madeleine* au théâtre. Les Zola s'installent 21 bis, rue de Bruxelles.
20 septembre, naissance de Denise, fille de Zola et de Jeanne.
1890 *La Bête humaine.* Premier échec à l'Académie française.
1891 *L'Argent.* Zola président de la Société des gens de lettres. *Le Rêve,* drame lyrique (musique d'Alfred Bruneau).
25 septembre, naissance de Jacques, fils de Zola et de Jeanne.
1892 *La Débâcle.* Voyages de Zola à Lourdes et en Provence.
1893 *Le Docteur Pascal.*
13 juillet, Zola, officier de la Légion d'honneur. Mort de Maupassant et de Taine
1894 *Les Trois Villes : Lourdes.*
Voyage de Zola en Italie.
22 décembre, condamnation du capitaine Alfred Dreyfus par le conseil de guerre.
1895 Nouvelle campagne de Zola dans *Le Figaro.*
1896 Mort d'Edmond de Goncourt. *Rome.*
1897 Mort de Daudet. *Nouvelle Campagne.*
1898 13 janvier, «J'Accuse», dans *L'Aurore.*
7-23 février, procès Zola. *Paris.*
18 juillet, exil de Zola en Angleterre.
1899 3 juin, cassation du jugement de1894.
5 juin, Zola rentre en France.
Les Quatre Evangiles : Fécondité.
1900 Exposition universelle, reportage photographique de Zola.
1901 *La Vérité en marche. Travail.*
1902 Victoire de la gauche radicale aux élections. 29 septembre, mort de Zola, à Paris.
5 octobre, obsèques.
1903 *Vérité,* publication posthume.
1906 Réhabilitation de Dreyfus.
Mort de Cézanne, à Gardanne.
1908 4 juin, transfert du corps de Zola au Panthéon.

MUSÉOGRAPHIE

DES SOIRÉES DE MÉDAN AU MUSÉE ÉMILE-ZOLA

L'histoire de la demeure de Médan est connue par les témoignages d'époque (Zola et ses amis), par les souvenirs d'Albert Laborde et par les études de Jean-Claude Le Blond-Zola et d'Alain Pagès.

Les aménagements (1878-1886)

Le 28 mai 1878, les Zola achètent à Médan une *petite* maison datant des années 1830 : des pièces et un vestibule au rez-de-chaussée, deux chambres et deux cabinets à l'étage. En octobre, ils font construire, côté nord, une tour carrée, avec un vaste cabinet de travail et une terrasse sur la campagne. Zola agrandit la propriété par l'achat d'un terrain de 400 m^2. La cheminée du cabinet de travail, avec l'inscription «*Nulla dies sine linea*», est installée en février 1879. En juin 1879, le peintre-verrier Henri Baboneau orne de vitraux la porte d'entrée de la cuisine, la salle à manger, au rez-de-chaussée de la tour, et le cabinet de travail.

En 1880 et 1881, la propriété continue à s'agrandir. Zola achète une partie de l'île de Médan et y fait transporter un chalet, provenant de l'Exposition universelle de 1878 : le «Paradou», inauguré dans l'île le 27 septembre 1880. En 1882, il fait construire, près de la maison principale, le «pavillon Charpentier». En 1882-1883, les droits d'auteur de *Pot-Bouille* permettent de construire une ferme et des bâtiments d'exploitation, avec une serre.

Troisième grande phase : de l'automne 1885 à l'automne 1886, Zola fait édifier, sur le côté sud de la maison originelle, une tour hexagonale, dite «tour Germinal». On installe, au rez-de-chaussée, une salle de billard, décorée de vitraux par Henri Baboneau. On met en place un éclairage au gaz. Depuis 1879, la demeure est chauffée par un calorifère. Agrandissements et construction se sont donc étendus sur plus de huit ans.

La Fondation Zola

En 1903, Alexandrine vend les terrains de l'île. Le 29 septembre, premier anniversaire de la mort de Zola, un premier «Pèlerinage» réunit les amis et les admirateurs. Le «Pèlerinage littéraire de Médan» se perpétuera jusqu'à nos jours, le premier dimanche d'octobre, avec la participation de chercheurs et d'écrivains, interrompu seulement pendant les deux guerres mondiales. Il est organisé par la Société littéraire des Amis d'Emile Zola.

Le 27 février 1905, Alexandrine Zola donne la propriété de Médan à l'Assistance publique, qui y abritera une «pouponnière» pour enfants malades et accueillera chaque année le «Pèlerinage». La salle de billard, la salle à manger, la cuisine, la salle de bains, le cabinet de travail, la lingerie sont laissés en l'état – sauf les meubles, qui ont été vendus par Alexandrine.

En 1967, les enfants sont placés ailleurs. En 1973, l'hôpital de Poissy installe dans la maison une école de cadres pour infirmières, puis, en 1978, le syndicat interhospitalier de l'Ile-de-France. Les locaux sont définitivement libérés en 1987; l'Assistance publique en reste propriétaire.

Le musée Emile-Zola

Dès 1935, à la suite de la démolition du chalet de l'île, la presse suggère la création d'un musée Zola à Médan. Denise Le Blond-Zola, fille de l'écrivain, fonde en 1939 une «Association du musée Zola». La guerre coupe court au projet. En 1962, nouvelles suggestions. En 1973, enfin, une convention entre la direction générale de l'Assistance publique et le conseil d'administration de l'hôpital de Poissy stipule que «le corps du bâtiment principal est destiné à devenir un musée à la mémoire d'Emile Zola».

En 1982, un *Projet muséographique* est remis à la Direction générale des affaires culturelles d'Ile-de-France par la société littéraire des Amis d'Emile Zola. L'Association du Musée Emile Zola est réanimée, sous la présidence de Maurice Rheims. Elle reconstitue peu à peu la disposition ancienne des pièces principales et donne de plus à chacune une fonction muséographique particulière : carrière de Zola, portraits de ses visiteurs, généalogie familiale, œuvre photographique de Zola, affaire Dreyfus, cabinet de travail. En quelques années, elle reconstitue l'histoire des soirées de Médan et de l'Affaire, par le lieu, l'objet et l'image.

Le musée Emile- Zola s'est ouvert en 1885. Il reçoit dans la maison de Zola plus de 10 000 visiteurs par an (week-ends, et visites collectives en semaine). Ce n'est ni un musée national ni un musée départemental, mais un musée d'association; il compte, pour survivre, sur l'intérêt des lecteurs de Zola (musée Emile-Zola, 26, rue Pasteur, 78670 Médan - Tél. 39 75 35 65).

La Société littéraire des Amis d'Emile Zola

Fondée en 1903, elle organise le pèlerinage annuel de Médan et publie chaque année un volume des *Cahiers naturalistes.* Elle participe aux séminaires et aux colloques consacrés à l'œuvre de Zola.

Pour tous contacts :
14, rue du Bas-de-Villiers, 77580 Villiers-sur Morin.
Président : Henri Mitterand.
Directeur des *Cahiers naturalistes* : Alain Pagès.

Un centre de recherches sur Zola et le naturalisme regroupe les chercheurs et étudiants spécialisés au sein de l'Institut des textes et manuscrits modernes, C.N.R.S., 61, rue de Richelieu, 75002, Paris.
Directeur : Jean-Pierre Leduc-Adine.

BIBLIOGRAPHIE

Les œuvres de Zola

- Toutes les œuvres publiées du vivant de Zola ont paru chez Charpentier-Fasquelle.
- Deux éditions abondamment annotées et commentées des *Rougon-Macquart* : celle de la bibliothèque de La Pléiade, éditions Gallimard (par Henri Mitterand), et celle de la collection Bouquins, éditions Robert-Laffont (par Colette Becker).
- Les romans du cycle des *Rougon-Macquart* et certains volumes critiques sont disponibles dans les principales collections de poche (Folio, qui publie également *Les Trois Villes*; Le Livre de poche; Garnier-Flammarion; Press-Pocket).
- *Œuvres complètes*, en 15 volumes, Paris, Cercle du Livre Précieux, 1966-1970 (sous la direction d'Henri Mitterand), avec de nombreux inédits.
- *Correspondance*, en 10 volumes, Presses de l'université de Montréal et Editions du CNRS, 1978-1995.

Biographies

- Paul Alexis, *Emile Zola, notes d'un ami*, Charpentier, 1880.
- Fred Brown, *Zola : a Life*, Farrar-Strauss-Giroux, New York, 1995.
- Albert Laborde, *Trente-huit années près de Zola. La Vie d'Alexandrine Zola*, Editeurs français réunis, 1963.
- Armand Lanoux, *Bonjour M. Zola*, Hachette, 1962.
- Denise Le Blond-Zola, *Emile Zola raconté par sa fille*, Fasquelle, 1931.
- Henri Troyat, *Zola*, Flammarion, 1992.

Principaux ouvrages historiques et critiques

1 - Sur l'œuvre de Zola :

- David Baguley, *Le Naturalisme et ses genres*, Nathan, 1995.
- Colette Becker, *Les Apprentissages de Zola : du poète romantique au romancier naturaliste*, P.U.F., 1992.
Emile Zola, La fabrique de «Germinal», Sedes, 1986.
- Chantal Bertrand-Jennings, *L'Eros et la femme chez Zola*, Klincksieck, 1977; *Espaces romanesques*, Naaman (Québec), 1987.
- Philippe Bomegis, *L'Innommable, essai sur l'œuvre de Zola*, Sedes, 1984.
- Jean Borie, *Zola et les mythes*, Seuil, 1971.
- Etienne Brunet, *Le Vocabulaire de Zola*, 3 vol., Slatkine, 1985.
- Yves Chevrel, *Le Naturalisme*, P.U.F., 1982.
- Auguste Dezalay, *Lectures de Zola*, A. Colin, 1973. *L'Opéra des Rougon-Macquart*, Klincksieck, 1983.
- Philippe Hamon, *Le Personnel du roman. Le système des personnages dans «les Rougon-Macquart»*, Droz, 1983.
Texte et idéologie, P.U.F., 1984.
- F. W. J. Hemmings, *Emile Zola*, Oxford, 1970.
- Henri Mitterand, *Zola et le naturalisme*, P.U.F., 1986.
Zola, l'Histoire et la fiction, P.U.F., 1990.
L'Illusion réaliste, P.U.F., 1994.
Zola journaliste, A. Colin, 1992.
- Jacques Noiray, *Le Romancier et la machine*, t. 1 : *L'Univers de Zola*, Corti, 1981.
- Alain Pagès, *Le Naturalisme*, P.U.F., 1989.
- Roger Ripoll, *Réalité et mythe chez Zola*, Champion, 2 vol., 1981.
- Guy Robert, *Emile Zola*, Les Belles Lettres, 1952.
- Michel Serres, *Zola. Feux et signaux de brume*, Grasset, 1975.
- Halina Suwala, *Naissance d'une doctrine. Formation des idées littéraires et esthétiques de Zola (1859-1865)*, université de Varsovie, 1976.
- René Ternois, *Zola et son temps. «Lourdes», «Rome», «Paris»*, Les Belles Lettres, 1961.
- Philip Walker, *Zola*, Londres, 1985.
- François Emile-Zola et Jean Massin, *Zola photographe*, Denoël, 1979, réed. 1990.

2 - Sur Zola et l'affaire Dreyfus :

- Jean-Denis Bredin, *L'Affaire*, Fayard/Julliard, 1993.
- Alain Pagès, *Emile Zola, un intellectuel dans l'affaire Dreyfus. Histoire de «J'accuse»*, Séguier, 1991.
- Joseph Reinach, *Histoire de l'affaire Dreyfus*, Fasquelle, 1907-1911, 7 vol.

Pour une bibliographie plus détaillée des ouvrages, et pour la bibliographie des articles, voir David Baguley, *Bibliographie de la critique sur Emile Zola*, T. 1, 1864-1970 et T. 2, 1971-1980, University of Toronto Press. Pour les études postÉrieures à 1981, voir les bibliographies annuelles de David Baguley, dans *Les Cahiers naturalistes*.

FILMOGRAPHIE

1 - Adaptation des œuvres romanesques (dans l'ordre chronologique des films) :

- *Les Victimes de l'alcoolisme* (d'après *L'Assommoir*), de F. Zecca, 1902, France.
- *La Grève,*(d'après *Germinal*), de F. Zecca, 1903, France (film perdu).
- *L'Assommoir,* d'Alberto Capellani, 1909, France (perdu).
- *Nana,* de Knud Lumbye, 1910, Danemark.
- *Thérèse Raquin,* d'Einar Zangenberg, 1911, Danemark.
- *Les Victimes de l'alcool* (d'après *L'Assommoir),* de Gérard Bourgeois, 1912, France.
- *Au pays des ténèbres*, 1912, de Victor Jasset, France.
- *La Terre,* de Victor Jasset, 1912, France.
- *Germinal,* d'Alberto Capellani, 1913, France.
- *L'Argent,* de Carl Mantzuis, 1913.
- *Le Miracle,* (d'après *Lourdes*),de Victor Sjöström, 1913, Suède.
- *Nana*, de Camille de Riso, 1914, Italie.
- *Thérèse Raquin*, de Nini Martoglio, 1915, Italie.
- *La Curée,* de Negroni, 1916, Italie.
- *Travail,* de Pouctal, 1919, France.
- *Le Rêve,* de J de Baroncelli, 1920, France.
- *L'Assommoir,* de Charles Maudru, 1921, France.
- *Nantas,* de Donatien, 1921, France.
- *La Terre,* d'André Antoine, 1921, France.
- *Pour une nuit d'amour,* de Protozanoff, 1921, France.
- *Une Page d'Amour,* de Pina Menichelli, 1924, France.
- *Nana,* de Jean Renoir, 1926, France.
- *Thérèse Raquin,* de Jacques Feyder, 1926, France.

- *L'Argent,* de Marcel Lherbier, 1928, France.
- *Au Bonheur des dames,* de Julien Duvivier, 1929, France.
- *Fécondité,* de N. Evreinoff et Henri Etiévant, 1929, France.
- *Le Rêve,* de J. de Baroncelli, 1931, France.
- *L'Assommoir,* de Gaston Roudès, 1933, France.
- *The Lady of the Boulevard* (d'après *Nana*), de Dorothy Azner, 1934, U.S.A.
- *L'Argent,* de Pierre Billon, 1936, France.
- *La Bête humaine,* de Jean Renoir, 1938, France.
- *Au Bonheur des dames,* d'André Cayatte, 1943, France.
- *Nana,* de Celestine Coroatiza, 1943, Mexique.
- *Naïs,* de Marcel Pagnol et Raymond Leboursier, 1945, France.
- *Pour une nuit d'amour,* d'Edmond T. Greville, 1946, France.
- *Das Paradies der Damen,* de Lupu Pick, 1952, Allemagne.
- *Thérèse Raquin*, de Marcel Carné, 1953, France.
- *Human Desire* (d'après *La Bête humaine),* de Fritz Lang, 1954, U.S.A.
- *Nana,* de Christian Jaque, 1955, France.
- *Gervaise* (d'après *L'Assommoir*), de René Clément, 1956, France.
- *Pot-Bouille,* de Julien Duvivier, 1957, France.
- *Thérèse Raquin,* téléfilm de Stellio Lorenzi, 1960, France.
- *Germinal,* d'Yves Allégret, 1963, France-Italie-Hongrie.
- *La Curée,* de Roger Vadim, 1965, France.
- *La Faute de l'abbé Mouret,* de Georges Franju, 1970, France-Italie.
- *Germinal,* téléfilm de Jean Archimbaud, 1971, France.
- *Pot-Bouille,* téléfilm d'Yves-André Hubert, 1971, France.
- *L'Argent,* téléfilm de Jacques Rouffio, 1988, France.
- *Germinal,* de Claude Berri, 1993, France.

2 - Zola, personnage de films :

- *La Vie d'Emile Zola,* de Wilhelm Dieterlé, 1937, U.S.A.
- *Zola,* de Jean Vidal, 1954, France.
- *L'Affaire Dreyfus (J'accuse),* de José Ferrer, 1957, U.S.A.
- *Emile Zola,* téléfilm de Roger Stéphane, 1966, France.
- *Emile Zola ou la conscience humaine,* téléfilm en quatre parties d'Armand Lanoux et Stellio Lorenzi, 1978, France.
- *L'Affaire Dreyfus,* téléfilm d'Yves Boisset, 1995, France.

Liste établie à partir de Guy Gauthier, «Filmographie», dans *Zola*, numéro spécial d'*Europe,* avril-mai 1968, p. n416-424.

TABLE DES ILLUSTRATIONS

CHAPITRE II

CHAPITRE III

de Léon Lhermitte. Académie nationale de médecine, Paris.
47 Extrait d'un catalogue d'ornements pour églises.
48g Caricature représentant l'éditeur Georges Charpentier. Fonds Céard, musée Carnavalet, Paris.
48d Couverture d'une édition hongroise de *L'Assommoir* en 1920. Coll. part.
48/49 Scène de lavoir, détail d'une gravure de Gaston Latouche pour *L'Assommoir* en 1879. Bibl. nat., Paris.
49 Dessin d'André Gill pour la couverture de l'édition de 1878 de *L'Assommoir,* chez Marpon-Flammarion à Paris. Bibl. nat., Paris.
50 L'homme à la casquette, gravure de Gaston Latouche pour *L'Assommoir* en 1879. Bibl. nat., Paris.
51 Le forgeron, gravure de G. Latouche, *ibid.*.
52 Portrait de Joris-Karl Huysmans, pastel de Jean-Louis Forain. Musée de Versailles.
52/53h Signatures de Maupassant, Huysmans, Céard, Hennique et Alexis sur la page de garde de l'exemplaire des *Soirées de Médan* dédicacé à Mme Zola mère.
52/53b La maison des Zola à Médan, photographie de Zola.
53 Henry Céard, photographie.
54g Nana, «l'héroïne naturaliste», in *La Caricature*, 10 avril 1880. Fonds Céard, musée Carnavalet, Paris.
54d Caricature de Zola par Moloch, in *La Silhouette*, 9 septembre 1880. Fonds Céard, musée Carnavalet, Paris.
55h Couverture des *Romanciers naturalistes* (1881).
55b *Le Pont de l'Europe* (1876), peinture de Gustave Caillebotte. Musée du Petit-Palais, Genève.
56/57h «Nana, la belle naturaliste», dépliant humoristique par Robida, supplément à *La Caricature*, 1880. Bibl. des Arts décoratifs, Paris.
56 Nana, illustration de Clairin. Bibl. nat., Paris.
56/57b *Nana-polka*, page de titre de la partition pour piano de Paul Darthu illustrée par Chatignière. Fonds Céard, musée Carnavalet, Paris.
57 Nana et Muffat dans la loge, illustration de Bellenger pour *Nana*. Bibl. nat., Paris.
58h Le Bon Marché en 1847, gravure. Bibl. des Arts décoratifs, Paris.
58b Dessins de Pasquin pour *Pot-Bouille*, in *L'Evénement parisien illustré*, 9 avril 1882. Fonds Céard, musée Carnavalet, Paris.
59h La galerie de confection du Bon Marché à Paris en 1880.
59b Extérieurs du Bon Marché, gravure d'après un dessin de Clerget.

CHAPITRE IV

60 *Au pays noir*, détail d'une peinture de Constantin-Emile Meunier. Musée d'Orsay, Paris.
61 «L'auteur de *Germinal*, M. Emile Zola», Les Hommes du jour, caricature par Luque en 1885. Musée Carnavalet, Paris.
62 Emile Zola, portrait gravé par Desboutin en 1879. Bibl. nat., Paris.
63h Gustave Flaubert, photographie de Nadar.
63b Victor Hugo, photographie.
64h «La joie de vivre ou le bonheur de se pendre», illustration de Robida à propos du roman d'Emile Zola (détail). Fonds Céard, musée Carnavalet, Paris.
64b Idem.
65h Idem.
65b Affichette annonçant la parution de *La Joie de vivre* en feuilleton dans le *Gil Blas*. Musée Zola, Médan.
66g *Salomé*, aquarelle de Gustave Moreau. Musée Gustave Moreau, Paris.
66d *Œillets et clématite dans un vase de cristal*, peinture d'Edouard Manet. Musée d'Orsay, Paris.
67g Emile Zola sans lorgnon vers 1885, photographie. Bibl. nat., Paris.
67d Edouard Manet, photographie.
68 Affiche de Choubrac pour l'adaptation de *Germinal* au théâtre du Châtelet en 1888.
68/69h Détail du manuscrit de *Germinal*. Bibl. nat., Paris.
68/69b Scène de grève, croquis de Forain. Bibl. des Arts décoratifs, Paris.
69 *Jour de songerie*, peinture de Rossetti. Victoria and Albert Museum, Londres.
70h Salle des mineurs, descente dans le puits, photographie.
70b Au fond de la mine, l'extraction, photographie.
71h Un chantier d'abattage, carte postale.
71b La vie du mineur après le travail, la toilette, photographie.
72 Grève aux mines d'Anzin en 1884, gravure d'après un dessin de G. Julien.
72/73 Photographie ayant servi à l'affiche du film de Claude Berri *Germinal.*
73 Affichette annonçant la parution de *Germinal* en feuilleton dans le *Gil Blas* en novembre 1888. Musée Carnavalet, Paris.

CHAPITRE V

74 Jeanne au collier de perles, photographie d'Emile Zola. Musée Zola, Médan.
75 *La Sieste* ou *La Méridienne*, peinture de Vincent Van Gogh. Musée d'Orsay, Paris.
76 Jules Guesde, photographie de Calmel.
76/77 «Vacher, le tueur de bergers, assassin de Louise Marcel», gravure d'après un dessin de Paul Thiriat, in *Le Journal illustré*, 31 octobre 1897.
77 Intérieur du cabaret Le Chat noir pendant la projection de *L'Epopée* de Caran d'Ache, dessin de P. Merwart. Musée Carnavalet, Paris.
78 Affiche de Jules Chéret annonçant la publication illustrée de

CHAPITRE VI

CHAPITRE VII

satirique d'Albert René. Fonds Céard, musée Carnavalet, Paris.
110h Mathieu Dreyfus à trente-deux ans, peinture de Pury.
110b Sur le pont du Louvre, photographie d'Henri Rivière. Musée d'Orsay, Paris.
111 Affichette pour *La France juive* d'Edouard Drumont. Musée d'Histoire contemporaine BDIC.
112 Bordereau d'Esterhazy qui servit à faire condamner Dreyfus. Archives nationales, Paris.
112/113 La séance du 22 janvier au Palais-Bourbon, gravure in *L'Illustration*, 29 janvier 1898.
113 Manuscrit de «J'Accuse…!» (détail).
114 «Zola en cour d'Assises», manchette de *L'Aurore* le 19 février 1898.
114/115 M. le Président Delegorgue, Emile Zola et Me Labori, dessin pris à l'audience du procès Zola, in *L'Illustration*, 26 février 1898.
115h Le lieutenant-colonel Henry, *idem*.
115b Eventail décoré des têtes des principaux protagonistes du procès Zola.
116 «Son nouveau livre», caricature de Fertom, in *Le Pilori*, 27 mars 1898. Musée Zola, Médan.
117 «La Revanche», caricature de Clérac, in *Le Pilori*, 17 avril 1898. Musée Zola, Médan.
118h «Zola et Goliath», dessin de F.-T. Richards, in *Life*, New York, 24 février 1898. Bibl. nat., Paris.
118b Le Crystal Palace à Londres, photographie de Zola. Musée Zola, Médan.
119h Une rue des environs du Crystal Palace à Londres, photographie de Zola. Musée Zola, Médan.
119b «Zola et Goliath (II)», dessin de F.-T. Richards, in *Life*, New York, mars 1898. Bibl. nat., Paris.
120 «Avant de sonner à la porte de l'hospice, le dernier baiser», gravure du XIXe siècle.
120/121 Zola en famille dans le jardin de Verneuil, photographie de Zola. Musée Zola, Médan.
121g *Les Jardins publics* (détail), peinture d'Edouard Vuillard. Musée d'Orsay, Paris.
121d Affichette annonçant la publication de *Fécondité* dans *L'Aurore*. Musée Zola, Médan.
122 Manuscrit de *Vérité*. Bibl. nat., Paris.
122/123 Fabrication du zinc dans le bassin de Blanzy, aquarelle de Bonhomme. Musée des Arts et métiers, Paris.
123 Waldeck-Rousseau, portrait-charge de Luque. Bibl. des Arts décoratifs, Paris.
124h Dans le jardin de Médan, au premier rang, de gauche à droite : Mme Bruneau, sa fille, Mme Charpentier et Mme Zola ; au deuxième rang : Alfred Bruneau, Henri Dutar (avocat) et Emile Zola, photographie de Zola. Musée Zola, Médan.
124b Alfred Bruneau, compositeur de musique, dans la barque «L'Enfant Roi», photographie de Zola. Musée Zola, Médan.
125h Chambre de Zola au 21 bis, rue de Bruxelles à Paris. Musée Zola, Médan.
125b Alexandrine, photographie de Zola. Musée Zola, Médan.
126 Zola aux outrages, peinture de Henry de Groux. Musée Zola, Médan.
126/127 Manchette de *La Libre Parole* annonçant la mort de Zola.
127 Délégation des mineurs de Denain aux funérailles d'Emile Zola. Fonds Céard, musée Carnavalet, Paris.
128 Zola photographiant, dans le bois de Boulogne. Musée Zola, Médan.

TÉMOIGNAGES ET DOCUMENTS

129 Zola et *Les Rougon-Macquart*, gravure de Desmoulin. Musée Zola, Médan.
130 Les traductions des *Trois Villes* encadrant un daguerréotype de l'ingénieur François Zola avec son fils, photographie de Zola. Musée Zola, Médan.
131 Arbre généalogique de la famille Zola.
132 Caricature de F. Boscovits parue dans *Nebelspalter*, Zurich, octobre 1902, in *Zola en images*, par John Grand-Carteret, Librairie F. Juven, Paris, 1908.
133 Les frères Goncourt, dessin de Gavarni.
136 Zola en 1882, photographie. Bibl. nat., Paris.
137 Zola au billard, caricature d'A. Guillaume. Musée Zola, Médan.
138/139 «La Joie de vivre ou le bonheur de se pendre», détail d'une caricature de Robida. Musée Carnavalet, Paris.
140 Zola dans son cabinet de travail à Médan, le bureau.
142 La campagne aux alentours de Médan, photographie de Zola. Musée Zola, Médan.
143 Le train du Havre passant à Médan, photographie de Zola. Musée Zola, Médan.
145 Zola dans son salon (au mur, le portrait peint par Manet). Bibl. nat., Paris.
146 Zola avec Jeanne, Denise et Jacques, photographie anonyme. Musée Zola, Médan.
148 «Le triomphe du naturalisme», caricature de Robida in *La Caricature*, 7 février 1880.
150 Le Roman expérimental, 1881, chez Charpentier. Bibl. nat., Paris.
153h Portrait d'Edouard Drumont dans la série «Le Musée des patriotes».
153b Zola pensif au moment de l'affaire Dreyfus, photographie.
154 Caricature de Hermann-Paul, in *Deux Cents Dessins*, 1897-1899, Edition de la Revue

Blanche, Paris, 1900.
155 Zola au moment de l'exil, photographie.
156/157 Recto et verso d'une photographie dédicacée à Zola par Dreyfus.
158/159 Couvertures des partitions de *La Gueule d'or*, *Je suis naturaliste!!!*, *Nana*, *La Terre* et *Germinal.*
160 Montage photographique avec une partition et la clarinette de Zola.

INDEX

A

B

C

D

E - F

G - H

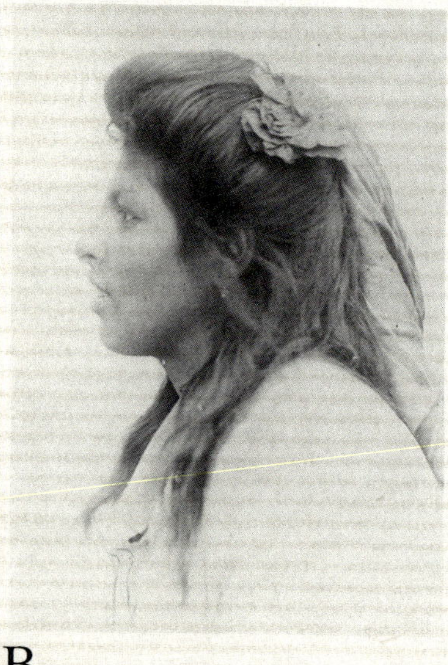

Bohémienne photographiée par Zola à Médan.

CRÉDITS PHOTOGRAPHIQUES

Archives Gallimard, Paris 1er plat et dos de couverture, 12, 16, 16/17, 17d, 17g, 18/19, 18h, 19, 26/27, 30/31, 45h, 52/53b, 52/53h, 53, 78/79, 83, 90/91h, 92g, 105, 112/113, 113, 114, 114/115, 122, 126/127, 127, 131, 140, 153b, 155, 156/157. Archives Gallimard Jeunesse, Paris 34b, 48g, 54d, 54g, 56/57b, 58b, 83b, 88h, 109, 111, 115b, 115h, 153h. Archives Gallimard Jeunesse/© France Beck 110h. Bibliothèque nationale, Paris 11, 21, 24/25, 25h25h, 27h, 29h, 34h 37, 46/47h, 48/49, 49, 50, 51, 55h, 56, 57, 62, 67g, 68/69h, 80, 89d, 94, 94/95, 96, 102, 118h, 119b, 136, 145, 150, 169. Jean-Loup Charmet, Paris 22/23, 24b, 25b, 32, 40/41, 45b, 46/47b, 48d, 56/57h, 58h, 61, 68, 73, 78, 79g, 80/81, 82, 86g, 87b, 104/105, 106hd, 106hg, 108, 112, 120, 122/123, 123, 133, 148. Coll. de l'auteur 31b, 36b, 39b, 39h, 42/43, 44g, 46, 47 63b, 158/159. D.R. 29b, 132, 154. Editions Hachette, Paris 24. Giraudon-Lauros, Vanves 13, 26, 28h 36/37, 77, 79d. Musée Carnavalet, Paris 64b, 64h, 65h, 138/139. Musée de Bazeilles 87h. Musée du Petit-Palais, Genève 55b. Musée Emile Zola, Médan 1, 2/3, 4/5, 6/7, 8/9, 15b, 15h, 65b, 74, 81, 90, 90/91b, 91h, 92d, 93, 95, 97, 99b, 104, 116, 117, 118b, 119h, 120/121, 121d, 124b, 124h, 125b, 125h, 126, 128, 129, 130, 137, 142, 143, 146, 160. Museum of Fine Arts, Chicago 35. National Gallery of Art, Washington 27b. Réunion des musées nationaux, Paris 2e plat de couverture, 18b 20, 28b, 31m, 33, 36h, 38/39, 52, 60, 66d, 66g, 75, 88b, 98/99, 110b, 121g. Archives Roger-Viollet, Paris 14, 30, 31h, 40, 41, 42, 43, 59b, 59h, 68/69b, 72, 76/77, 86d, 102/103. Collection Sirot-Angel, Paris 22, 23d, 23g 44d, 63h, 67d, 70b, 70h, 71b, 71h, 76, 84/85, 89g, 91b, 99h, 100/101h et b, 101, 103, 106b, 107. Sygma/© Christian Barbier/Renn Production, Paris 72/73.

REMERCIEMENTS

L'auteur et l'éditeur remercient Martine Le Blond-Zola et le musée Zola (Médan), Danielle Coussot et le Centre de recherche sur Zola (C.N.R.S.) pour le concours qu'ils leur ont apporté. Leur gratitude va également à Jean Vidal, co-auteur de l'Album Zola (Gallimard), qui, le premier, avait mis Zola en images.

ÉDITION ET FABRICATION

DÉCOUVERTES GALLIMARD DIRECTION Pierre Marchand et Elizabeth de Farcy GRAPHISME Alain Gouessant. FABRICATION Violaine Grare. PROMOTION Valérie Tolstoï.

ZOLA, LA VÉRITÉ EN MARCHE

EDITION ET ICONOGRAPHIE Odile Zimmermann. MAQUETTE Alain Gouessant (corpus couleurs) et Laure Massin (Témoignages et Documents). LECTURE-CORRECTION Pierre Granet et Christine Monnatte. PHOTOGRAVURE W Digamma (corpus) et Arc en ciel (Témoignages et Documents). MONTAGE P.A.O. D.F.G.

Table des matières